夢をかなえる小さな習慣

ヨグマタ 相川圭子

大和書房

はじめに

あなたはずっと希望をもって一生懸命物事に邁進《まいしん》してきました。夢をもって、その夢をかなえたいと思い、その目的に向かっていろいろな学びをしてきたかもしれません。

もっといい仕事がしたい、あるいはいい友だちがほしい、恋人がほしい、きれいになりたい、結婚をしたい、よき家庭をつくりたい、健康になりたい、自分の夢をかなえたい、具体的に何かになりたい、あるいは何をしていいかわからないけれども、ともかく自分を磨きたい。そんなふうに思い、そして努力をしてきたでしょう。

人生は学びです。いろいろな出会いがあります。いろいろな人がいます。あなたの心は、ときにそうした刺激を受けて、喜んだり、焦ったり、悲しんだりするかもしれません。心は常に動いています。でもそうしたことがわかるのは、かなり意識が覚醒している証拠です。

あなたがこの体をもっていることは、素晴らしいのです。あなたの中に、考える力のある心、感動する力のある心、そして楽しむことができ、安らぐことができる心があります。

素晴らしい機能を与えられている心と体があり、また社会の一員として生きています。

国があります。世界があります。そして地球の一員として生きています。あなたに、生まれたことをとても幸運に感じ、この縁をより素晴らしいものにしていただきたいと思います。

私は、稀有《けう》な縁で、ヒマラヤで深い瞑想を体験し、心を浄化し、体を浄化し、死を超えて究極の「サマディ」を体験しました。そしてこの宇宙のこと、この人間の体も宇宙であるということがわかったのです。

神とよばれる宇宙をつくり出した存在が、私たち人間の体の奥深くに存在するのです。私は、厳しい修行を通してそれに出会い、そのものを体験しました。それが真理です。

その体験から、あなたはとても素晴らしい縁をいただいて、この世界に送られてきた存在であり、あなたの中に無限の可能性があり、あなたの願いは実現することをお伝えしたいのです。

そして何よりも、あなたは真理に出会うために生まれてきたということを伝えたいのです。いかに生きたらよいのか、真の幸福とは何かを、いまあなたが若いうちに実践することが、あなたの願いの実現を後押ししてくれるのです。

そこでこの本に、そうした神秘の力を引き出し、あなたがより楽に幸せになり、美しい人生を歩めるためのさまざまな智慧を公開しました。

ただ生きるだけでも、それは素晴らしい学びなのです。あなたの中からやさしさがあふれ、調和があふれ、平和があふれます。あなたはまわりに安らぎを与え、希望を与えることができます。この本を通して、コツコツと新しい生き方を学んでいただきたいと思います。

この本の教えは、ヒマラヤ秘教の恩恵です。それは実践を通して、あなたが真理に出会うことができる、そうした教えにつながっていきます。日々の心がけから、心の使い方、体の使い方のヒントを散りばめました。ぜひ、こうしたことを習慣にしていただきたいと思います。一つひとつは小さな習慣ですが、続けることであなたに大きな変化をもたらします。

さりげないこと、小さなことも、あなたの中にクオリティの高い平和とバランスをつくり出すのです。そのことが、心の苦しみからの解放になります。

「本当の成長」を、この本に書きました。あなたはヒマラヤの恩恵という、稀有な恩恵に出会いました。ぜひ、あなた自身をダイヤモンドのように磨き上げていただきたいと思います。

そのことにより、あなたの問題は速やかに溶かされ、智慧をいただき、愛をいただき、どんな小さなことにも感謝をし、見えないところのからくりがわかります。

どんな心を選んだらいいのか、どう体を使ったらいいのかがわかります。感謝の大切さがわかり、愛することの尊さがわかる。自分自身を愛し、まわりを愛し、まわりにあなたの能力をシェアしていきます。あなたはどんどんまわりから慕われ、あなたの望みがかなえられていくでしょう。

ヒマラヤの恩恵は神の叡智《えいち》です。それを、私はこの日本に運んできました。その智慧をここにシェアしています。あなたが運命と思ってあきらめていた人生が、いま変わるのです。あなたの人生を自分で選択してつくることができるのです。そこに神の応援があれば、より豊かに希望をもって、夢を実現できるのです。

ここでいう「神」とは、すべてを創り出す目に見えない時間と空間を超えた、スーパーコンシャスネス、ブラフマンであり、魂です。「創造の源」ともいえます。いろいろなものの中心にある、ベースになる源とは違うものです。

あなたの中に、愛があふれ、自信があふれることで、どんなことも喜びをもって挑戦し、夢がかなっていきます。魂の願いは、あなたがより純粋になり、愛の人になり、まわりを助ける人になることです。そうした生き方を、この本を通して深く理解し、可能性がガイドされます。

願わくば瞑想の秘法を受け、さらに無限の力を引き出し、より美しい、希望ある人生を歩んでいただきたいと思います。ヒマラヤの恩恵は、あなたの人生をより豊かに幸せにするためにあります。

それは、私がヒマラヤの師に約束をしたことなのです。皆を真の幸せにガイドすると。皆を覚醒させ、愛と平和と喜びの人に生まれ変わらせると。

ヨグマタ 相川圭子

夢をかなえる
小さな習慣

目次

Part 1

運命の正体

Part 2

願いをかなえる小さな習慣

Part 3

失敗や変化はこわくない

Part 4

日常にあるスピリチュアル

Part 5

夢を最速でかなえる

Part 1

運命の正体

私たちはエネルギーを交換するために、何度も生まれ変わる

思いやアクションという「種」に見合った「実」が結ばれる

「運命」とはいったい何でしょうか。「運命だからしょうがない」「これが定めなのか」といった言葉は、なかばあきらめの気持ちになったとき、口をついて出てきます。自分ではどうすることもできない「めぐり合わせ」。そんなイメージがあるかもしれません。

この運命を左右しているのは、カルマというものです。仏教では「業《ごう》」とよばれます。「業が深い」という言葉を聞いた人もいるでしょう。

私たちは、前世でやり残したことや果たせなかったことを満たすために、またエネルギーの交換のために、何度も生まれ変わります。罪を償《つぐな》うために生まれてくる人もいます。これをヒマラヤ秘教あるいは仏教では、「輪廻転生《りんねてんせい》」といいます。

あなたは、いま生きている「今生《こんじょう》」だけの存在ではなく、気の遠くなるような年月を何度も生まれては死ぬことを繰り返してきたのです。「見えない存在」として長い間あり、さらにいろいろな生き物の体験をしてきました。人間になってからも計り知れない過去生《かこせい》を経てきたのです。

そうした今生までのあなたが「したこと」「言ったこと」「思ったこと」のすべてが、あなたの心と宇宙空間にすべて記憶されます。それらの行為と、またその記憶のことをカルマといいます。このカルマがもとになって、次にそれに応じた結果が生み出されるのです。つまり結果が現れます。行為や思ったことがカルマの種として蒔《ま》かれると、それがいつか果実となって実を結んで自分に返ってきます。そして今度は、現れた結果が新たな原因となって、次の結果を生みます。

こうして私たちは永遠に「原因と結果の旅」を続けます。これを「因縁の法則」「カルマの法則」といいます。

さらに、カルマには同質のものを引き寄せる特徴があります。たとえば、いい行

為をすれば、いいことが起きる」ということです。いい行為が原因となって、同じ質のいい結果が現れるわけです。当然のように「悪い行いは、悪いことを運んでくる」ことになります。理にかなった法則で、嘘がありません。誠実に生きていけば誠実な結果をいただける、神さまは、実に平等であるということです。

過去の記憶で運命の全体像がつくり上げられる

カルマは、心と体に積み重なっていきます。いままで体験した喜びや悲しみ、怒りなどの、さまざまなすべての体験の記憶です。**その心は、成功や失敗、得たもの、失ったものもしっかり覚えています。**心がこうしたさまざまな体験を通して学ぶことで、臆病になったり、大胆になったり、やさしくなったり、薄情になったりします。物事の好き嫌いや、得手不得手といった傾向も定着します。

心は常に同質のものを引き寄せたり、異質のものを離したりすることの選択をしています。これに応じて怒りや悲しみ、ジェラシーが起きます。あるいは思い出したり、考え込んだりと変化します。カルマがその人の思考や感情の癖をつくり上げ、性格やキャラクターに染めていくのです。

さらに、遺伝である体つき、顔だち、体質、気質なども、その人がもつ「サンスカーラ」という過去生のカルマの記憶でつくられ、生まれます。サンスカーラは、どの両親を選ぶのかに使われる過去生のカルマです。現代の科学でいうと「DNA」です。

こうしてカルマによってDNAに焼きつけられた個性と、それまで積んできたカルマは人生の設計図になっていきます。つまり、私たちの運命は、この時点でほぼ決まってしまっているのです。進むべき道とゴールは、カルマのキャラクターによって無意識のうちに選択され、原因と結果の法則と相まって全体像がプランされているのです。そのほか、どんな家庭環境を選ぶのか、どんな職業につくのかも、過去生からのつながりをまぬがれません。私たちはたいてい、こうして運命に深く影響されて生きているのです。

日ごろの思いやアクションも運命に影響を与えている

それほど努力していないようなのに、なぜかいろいろうまくいって、運がいい人もいます。

そのような人は、その人自身の過去生で功徳《くどく》を積んでいた場合や、親やご先祖がいままでによいカルマを積んでいて、その因果の影響で運がよくなっているのかもしれません。この因果とは、先ほど紹介したカルマの「原因と結果」のことです。たとえば親のカルマによっていろいろな面で恵まれて生まれることもあるでしょう。それは美貌やスタイルであったり、何かの高い能力であったり、経済的な豊かさだったりと、さまざまです。

しかし、いくら因果に恵まれていても、何かが不足していておごっていたり、利己的であったりすると、まわりに敵が多くなり、せっかくのいい因果も台無しになることもあるでしょう。やはり人柄がよく、他人によくする人が、結局はまわりからも好かれ、支援され、いい運命も保っていけるようです。

ただし、人がいいばかりでは相手に依存され過ぎて、必要以上に気や体をつかい、病気になってしまうこともあります。人に幸せを与えるのはいいことですが、自分にパワーがないとエネルギーは枯渇《こかつ》してしまうでしょう。

また、こちらも「相手によく思われたい」とか「さびしい」という気持ちになると、相手に過剰な期待や要求をして、結果的には依存してしまうことになります。これではお互いが依存し合う、もたれ合いの関係です。その度が過ぎると、お互いのエネルギーを奪い合う、不自由な関係になってしまうでしょう。

「無償の愛」が基本にあり、そのうえでお互いが自立するような、依存しないおつき合いになるのが進化した人間関係です。 その一つの形として、「人を生かしながら育てる」力をつけることがいいと思います。自分のもっているノウハウ、スキルをまわりにシェアし、役立てて、人を育てていくのです。もちろん、そのためには自分のスキルアップも怠ることができません。身内や親しい間柄でも、そうしたお互いを高め合うつき合い方、いい関係ができれば、運命の道も開けていくのではないでしょうか。

幸運を引き寄せる「体質」

よく皆さんから幸せになるにはどうしたらよいか、相談を受けます。

不幸せだと感じている人は、人に要求することが多いものです。自分では気づいていないのですが、満たされていないことを訴えています。幸せになれる人は、自ら率先して無償の愛をもって人を助け、与えています。自分の目の前で起きることに不足を感じるのではなく、すべてを学びとして受け入れ、感謝することが習慣となっています。

それに比べて人や物事に対して常に否定的な人は、幸せから遠いところにいることになります。物事を疑ってみるように教えられた結果、恐れから何事も否定して見てしまいます。信じるものをもっていないからなのです。自分のこだわりが強いのです。まわりのいいところを見ないのです。他人を愛していません。それは自分を愛していないことにもなります。

幸せを引き寄せる幸福体質になるには、「足るを知る心」をもつことが大切です。

何をしても、また、人から何をされても「まだまだ足りない」「もっともっと欲しい」では、さびしい気がします。キリもありません。

どんな小さなことにも感謝して「自分は満たされている」「ありがたい」という気持ち。「お金がなくても健康がある」といった心のゆとりが大切です。

そして、できるだけ自分のネガティブなところを取り去り、いいところを見つめてのばし、自信をもって行動すれば幸せに近づいていくでしょう。努力したぶんだけ、成果が返ってきます。まじめにコツコツとやることも大事なのです。

運命が悪いと嘆くよりも、逆境を学びにして努力すれば、運命が改善されるでしょう。不運な境遇はむしろチャンスなのです。

人の心は常に比較して、自己を守る習性があります。そうして「私は不足している」とがんばるのです。あるいはそうでないときは嘆き、不幸を感じるのです。そうした自然の性質は悪くはないのですが、どう受け止めるのか、意識の進化で幸せになれるのです。

運命を好転させる「性格」

運命をよくするには、何事も一生懸命にやり、誠実であり、親切であること。こうしたスタイルを習慣にしましょう。こういう人は自分の親が骨身を惜しまずはたらいたり、他人の面倒をみたりする姿を、幼いときから見て育った人に多いのかもしれません。そうした奉仕の精神があり、他人の役に立ちたいという心のある方です。

ただし、正義感が強いのはいいことですが、度が過ぎると自分の考えを人に押しつけて頑固な人になります。そして人を責めたり、ジャッジ（批判・非難）したりする傾向が強くなり、人をコントロールしてしまうことがあります。これでは、まわりにいる人が息苦しくなります。

私たちは多かれ少なかれ、「人からよく思われたい」というエゴ（自我、自己中心）の気持ちから、いい人を演じています。それは子どものときに覚えた自己防衛の姿でもあります。

他人への気づかいや親切で、それが功を奏する場合も多いようです。しかし、私がおすすめするのは、自然体で、相手へ思いやりを伝えることです。

そのためには、まず自分に気づくことが大切です。人の目を気にしているのか、無視しているのか、自然なのか、そうした気づきの中で、すべてはOKであるとあるがままを受け入れることです。

「よいアクション」「よく思うこと」でも運命が開ける

私が学んだ、すべての本質の教えであるヒマラヤ秘教には、「ヤマ――禁じる戒め、ニヤマ――すすめる戒め」という教えがあります。

ヤマは、日常生活で自分を純粋にしていくため、してはいけない行為を示しています。

- 暴力を振るわない、嘘をいわない
- 盗まない

- 淫らにならない
- 必要以上に欲をかかない

ヤマは「自分も他人も傷つけない」で、純粋さを保つことを教えています。こうした悪い行為をすると、それがやがて自分に還ってきて運命が悪くなるのです。それに対してニヤマは、すすんでやったほうがいい行為を示しています。

- 清潔にする
- 足るを知る
- 苦しみや苦難を受け入れる
- ヨガの教典を学ぶ
- 神を信じる

社会の中では人との関係でカルマを積みやすいので、そこを学びにしていきます。そして積極的に善行というカルマを浄化する行為をすることで、よりよい方向に導かれます。

ヤマにある「暴力を振るわない」ということは、次のことを心がけるということでもあります。積極的に「人を傷つけない」「愛行《あいぎょう》をする」「無償の愛で人を助ける」「功徳を積む行為をする」。つまり思いやりの心をもって、人を助けるのです。やさしい言葉をかける、分かち合う、などの行為としてすぐに実現できます。

ヤマ、ニヤマを意識して、ごく自然に習慣となればいいと思います。

慈愛をもって、人に喜んでもらい、人の幸せを祈りましょう。こうした「よい行為」「よい言葉」「よい思い」は永遠に記憶され、カルマに刻まれます。そしてそれがあなたの精神のキャラクターになるのです。

最短距離で運命を変えていく方法

ヒマラヤの恩恵で運命が変えられる!?

　ここまで、過去生から連綿と続くカルマが、私たちの運命を決めていることを紹介しました。そしてそれに気づき、運命を少しでもいい方向へ向かわせるチャンスがあることをお伝えしました。

　たしかによい行いをしていけば、「カルマの法則」でいつか必ずよい実りを得られます。ともかく少しずつでも、運命が開けていく期待がもてます。しかし、運命を劇的に変える、さらには真の幸せに至るためには、本来、善行や心がけだけでは気の遠くなるような時間がかかります。

今生だけではなく、来世も含めた何生も何生もの時間を必要とするのです。現代を生きる人たちには、途方もない時間をかけて運命を変えるなんて、まるで現実感がありません。何生も先のことはおろか、来世さえイメージできません。

ましてやこんな話を聞かされて、「やはり運命は変えられない」と、落胆される方もいるでしょう。ところが一つだけ、運命をそっくり変える方法があります。それが「ヒマラヤの教え」とよばれるものです。５０００年以上の昔から、ヒマラヤの奥地で修行する限られた聖者たちによって受け継がれてきた、真理を知るための叡智です。

私たちは不運なことがあると、「神も仏もない」とか「神さまの罰《ばち》があたった」などとよく口にします。しかし、神が罰を当てるのではなく、自分のカルマが悪いから悪いことが起きるのです。因果によってすべてが絡み合いつながっているので、まわりまわって悪い現象を引き寄せるのです。過去生のカルマや見えない運命の設計図は、あたかも神からの罰と思えるのでしょう。しかし、正しくはカルマに報いがあるので、それはすべて自業自得ということなのです。

だからこそ「行為」で自分を変えることで、カルマが変わります。ヒマラヤの恩恵でカルマを浄めることができれば、過去生からの「因果」や「しがらみ」が深いところから浄化されて消え、おのずと運命も明るく変わっていきます。これが、最短距離で運命を変えていく方法です。

実を結ぼうと準備する種から解放される

カルマには、その状況によって3つの種類があります。

過去生の記憶は「サンスカーラ」といいます。今はまだ眠っていますが、これから未来に向けて目覚めるカルマです。来世でどこに生まれるか、などを決めるものになります。

現在の行為や、いま起きているカルマを「ボガ」といいます。日常の生活の中で食べたり、話をしたりすることも含まれます。活動的なエネルギーです。

そして、**未来に実を結ぼうとして意識下で活動しているカルマを「プララブダ」といいます。**本人にはわかりませんが、すでに心の奥深くでカルマの種となる、エネルギーの矢が放たれて動き始めていて、それが果実となって現れる前の状態です。

いつ、どのような状況で実を結ぶかはわかりません。そのときの環境に影響されて、早くそのことが起きることがあります。病気や事故などの不運も、結婚や事業の成功などの幸運も、すべてこの「プララブダ」によって運命づけられています。

こんな話をしていると、カルマはこわいな、と思うかもしれません。たしかに過去生でカルマを積んでいると、それがいつか現象化します。つまり、私たちの目の前で起きることとは、カルマが溶けていく姿なのです。それは一つの浄化作用のようなものです。たとえ悪いことでも、それが眠ったままでいるより、早く現象化してそこから解放されたほうがいいともいえます。受け止め方しだいです。

こうしてみると、長い時の流れの中で、一つの心に宿る膨大なカルマ、そしてその因果の絡み合いに圧倒されそうです。それを浄化することなど自分の力では不可能で、その方法を考えることすらできません。

しかし、ヒマラヤの恩恵には、カルマの質を変え、あらかじめ描かれた人生の設計図を書き換える力があります。そしてあなたを自由な人に変容させていくのです。

たとえば交通事故に遭うカルマをもっていたとしたら、それは避けられないかもしれません。しかし、ヒマラヤの恩恵に浴していると、同じ事故でも大難が小難になり、奇跡が起きるのです。地震が起きても、その人の家だけ壊れないような奇跡が起きます。

カルマの法則を知ると、未来をやたらに恐れる人がいます。だからといって現実逃避するのではなく、ヒマラヤの力を信じて、その恩恵を受けながら行動することが重要です。

そして、あなたの心と体を正しい方向に使う行為――善行をして、過去の悪いカルマに翻弄されないようにします。そのような生き方で、カルマが浄化されていくのです。

心の内側を整え、エネルギーの質がよくなる瞑想

人間だけが、神さまから心をいただきました。心がクリエイティブに考え、物をつくり、世の中の生活を豊かにしてきました。一方で心は、喜びだけではなく、不安や苦しみもつくります。

こうした心を浄化して、カルマを浄めるために、ヒマラヤ聖者は瞑想を発見しま

した。それがヒマラヤ瞑想です。ヒマラヤ瞑想は、悟りからの智慧の各種秘法瞑想です。速やかに心と体を内側から積極的に浄化していくものです。そして、**心と体の調和がとれ、エネルギーの質がよくなり、おのずと良質なエネルギーが集まります。**

また、瞑想は気づきを深め、欲望を落とします。「これは本当に必要なものか」「単にエゴで欲しいと思っているものか」といった、心（マインド）のはたらきに気づいて、いらないものは手放していくことができます。

瞑想で内側が整い、平和な心の在り方になって、自然と慈しみの心になります。また、生活に智慧が湧き、さまざまな執着が落ちて、運命が改善していきます。

守られていることを実感する瞬間

瞑想をすると心の内側がよいエネルギーに引き寄せられ、次々と物事がよい方向へ向かっていきます。正のスパイラルが起きて、運命を乗り越える力が備わっていきます。同時にそれは自信や安心感を生み、さまざまなこだわりがほどけていきます。そのとき、自分が源の存在に守られていることを実感するでしょう。それが**あなたの中にある、永遠の存在、神につながっている**ということです。

心を鎮めるには、座って背すじを伸ばして合掌をしてみてください。左右の手のひらを合わせると、調和がとれ精神が統一されやすくなります。何となく心が鎮まり、雑念が消えて尊い気持ちになりませんか。

こうした姿が描かれた印章が、今から1万年くらい前にインドの古代遺跡の中から発見されました。神に向かう姿勢です。合掌はインドの神の像や仏像にもあります。それを発見したのは、ヒマラヤの聖者なのです。調和をはかって、この宇宙をつくられた存在、神に思わず感謝をするのです。

なお本書でいう「瞑想」は、すべて「ヒマラヤ瞑想」をさしています。毎日の生活の中で、瞑想の習慣をもつ。そしてその前後に心を鎮めて合掌し、見えない存在に祈る。このわずかな時間が、あなたの運命に大きな変化をもたらすかもしれません。

やっかいな心を消してくれる聖なる「音」

私たちは普段、心を使って生きています。心配したり、喜んだり、怒ったり、物を欲しがったり、常に心をはたらかせて思考し、行動しています。心は変化し落ち着かず、平和がありません。

ところが、ヒマラヤの教えによって高次元の存在につながり、高次元のエネルギーを育むと、やがて心のはたらきから解放されます。それはマントラという聖なる音のエネルギーにより、心がはずれるからです。「嫌だ」とか「悲しい」といったネガティブな思いが消え、自分や他人を責めることもなくなります。肯定的な心になって、運命も変わっていきます。

マントラとは、ヒマラヤ聖者のマスター（師匠）が授ける「聖なる音」の波動です。仏教の真言《しんごん》に当たるものです。それは授けるマスターと、授かる人しか知ってはならない言葉です。

マントラはディクシャという儀式で、悟りを開いたヒマラヤ聖者、サマディマスター、シッダーマスターから、根源に届くように授けられます。同時にディクシャでは、高次元のエネルギーが伝授され、宇宙の源とつながることができます。

こうしてスピリチュアルな修行、つまり内側への旅の準備が整うのです。高次元の存在とつながり、信仰をもって、守りをいただきながら、ヒマラヤ瞑想修行を始めることができます。

あなたと神を結ぶホットライン

マントラは純粋でパワフルな波動です。私たちの根源に届いて、そこに宿る源の力を引き出し、心を変容させます。

その半面、マントラには敵を倒すほどの恐ろしいパワーがあります。それだけに間違ったマントラが伝えられ、それを扱うと危険な場合もあります。マントラは、正統なマスターから授けていただくことが大切です。使うときには、マスターを通じて、神とつながるのです。

人は生きがいを感じることや、何か好きなことに没頭しているときは疲れを感じません。しかし、それも実は心の消耗であり、永い間には心が疲弊していきます。

ですからマントラで神とつながり、生命エネルギーを引き出し、同時に大きな力に守られて充実した幸福感へとつながっていただきたいのです。マントラがあなたと神をつなぐホットラインになります。それは永遠に失うことのないお守り、あなたの人生の「心の支え」になるのです。

心の消えた状態で自分を見つめると、魂が見えてくる

エネルギーというものは、意識するところへ集まります。**いつも何かを心配している人は、そこへエネルギーが集中するので、さらに不安になり、余計な心配までしてしまいます。**

しかし、マントラで心を浄化すると、心を介した行動や思考回路も自然と消えていきます。そうなれば、心配や不安といったものもなくなるわけです。できれば、心がはずれた状態で、自分の内側を一度見つめていただきたいのです。

心で自分を見つめると、そのもっている価値観で必要以上に自分を責めたり、都合よく正当化しがちなのが見えてきます。これらはすべて自己防衛で、自分がかわいいからやっているのです。心の見せるイリュージョンなのです。

しかし、**心をはずして自分を見つめると、その中での純粋な自分が見えてきます。**

そのとき、「自分は何がしたいのか」「何を欲しているのか」問いかけてみてください。その答えは魂からの声です。そしてそれは、あなたの運命を変えていく声になるかもしれません。

過去に光をあて、人生のストーリーを変える

過去の体験で心のバランス感覚が失われている

人それぞれ、いろいろな価値観をもっています。なかには「自分と同じように、皆もこうあるべき」という固定観念をもっている人もいます。しかし、本当は「私はこう思うけれど、あなたの考えもわかります」と、相手の立場や考えの違いを認める寛容さが必要です。それが、心のバランス感覚です。

このバランス感覚があれば、相手の行いを、カルマによるものと受け入れ、すべてを否定するようなこともしないでしょう。客観的に物事が考えられ、自分の価値観にとらわれないようになります。

こうした心のバランス感覚が失われてしまうのは、**過去の体験や、親や社会の考えが記憶に焼きつき、それが心の癖になっている場合が多いようです。**「それが正しいことだ」とすり込まれてしまうわけです。ですからこのようなケースでは、心の根元の部分から変えていかないと、ずっと同じようなことを繰り返します。これもカルマのなせる業《わざ》です。

過去に戻り、ストーリーを塗り替える

ヒマラヤの教えでは過去の体験に戻り、偏った考えを理解して正すことができます。過去のふたを開け、原因となる体験に高次元のエネルギーの光をあてるのです。

そのほか、カルマを浄化するたくさんの秘法があります。具体例を一つあげると、アヌグラハインナーチャイルドのワークというものがあります。過去の体験や感情に光をあてて癒やし、尊敬と感謝の関係にしていくものです。

私たちの性格は、両親の影響を一番に受けて形成されます。両親とどういう関係

であったのか、過去のふたを開けて光をあてます。両親の愛を思い出します。子育てに一生懸命のあまり、しつけが厳しかったり、両親が忙しくさびしかったりと、いろいろな記憶が隠されています。

幼児期の5歳ごろというのはちょうど自我が目覚めて、自分という意識が前面に出てくる時期です。そのころの体験というのはとても重要で、そのあたりの体験を浄化しながら、それ以前の過去生までも浄めていくことができます。

過去の自分と対話する

過去の自分と対面して、負の体験を肯定的に変えていくこともできます。これもカルマを浄化するプログラムの一つで、ワークの中で行うものです。

ヒマラヤの祝福をいただいたうえで、過去のあるシーンに入ることで、思い過ごしや間違った認識に気づいていきます。そしてあなたがいかに素晴らしいか、愛されている存在かを知ることで、心の傷が癒やされます。こうして過去のストーリーが変わると、その後の運命が幸せになっていくのです。

こうしたワークは1回ではやりきれません。何度か繰り返すうちに、内側の見えないカルマを浄め、そしてその人を変容させていきます。すると理解と愛の力が調和をもたらして、人格が変わるように生まれ変わっていくのです。

過去に戻って魂を癒やす

精神的に大変なショックを受けた体験や、死の恐怖の体験などは、その記憶が体に長く残っています。

それが原因で、寝ているときに呼吸が乱れたり、寝言をいったりするようになることもあります。そういう人には、アヌグラハ（ヒマラヤの恩寵）のエネルギーで、内側の深い乱れを正すことが大切です。

ヒマラヤの教えには、死の体験をするプログラムもあります。詳しくは説明できませんが、瞑想で死ぬ準備をして死に向かい合い、死を恐れることがなくなります。そして体が死んで、心が愛に満たされる体験をして、心身から自由になるのです。そして生まれ変わって、こちらの世界へ戻ってきます。その後は自由な人になり、若返って、人格もいい方向へ変わっていきます。

いくつかの例をあげて紹介しましたが、高次元の恩恵で意識を覚醒させて過去を見ると、エネルギーの変容が起きます。そしてカルマが塗り替えられ、運命が変わっていくのです。

まるで魔法のような、と思う方もいるでしょう。ヒマラヤの教えには、マジックを超える神秘の力があります。悟りのレベルからの恩恵が、手に入るからです。そしてそれは、ヒマラヤの恩恵を信じる人なら誰でも体験できることでもあります。

過去への旅はガイドが必要

過去に戻ってエネルギーを変容させる。これは誰にでもできるわけではありません。自分で過去に戻ることは危険なのです。高次元のエネルギーをもつ、悟りのマスターの助けがなければできません。もし自分勝手に行うと、その人の心のレベルで過去とつながるので、悪いところを見過ぎたり反省をし過ぎたりすることで、心のはたらきが強まり負のスイッチが入ってしまうのです。その結果もの悲しくなるとか、イライラするとか、やたらと怒りが湧いてくることもあります。

さらに、心というものは連動していますので、一度負につながると負の連鎖が始まり、断ち切れなくなってしまいます。そこから脱け出すには、高次元の波動が必要なのです。その端的なものがマントラです。あるいは悟りのマスターの高次元のエネルギーです。それらにつかまって、恐怖の回路をすぐに断ち切って、切り替えることができるのです。

ですから、普通の人には過去のふたを開くようなことをおすすめできません。安全な場所で、マスターのガイドで、正しい手法で過去の心の傷を癒やしてください。

潜在意識は、想像以上の力と速さをもっている

心には、目覚めているときにはたらく顕在意識のほか、眠っているときに夢を見る、意識下のレベルの潜在意識（心の力）と無意識があります。それらの奥には、超意識というレベルがあります。

潜在意識は、想像以上に強力でスピードがあります。そこにアクセスしてはたらき出すと、それはすごいスピードで動き出すのです。扱い方を知らないと、その速さに引っ張られて、錯乱状態になることがあります。

普段、私たちの心による行為は、ゆっくりものを考えて行われます。しかし1時間で何十年という長い年月を、ビデオの超早送りのように振り返ることもできます。このように潜在意識は、スピードとパワーをもっているので、時に注意しないとあなたを嵐のように巻き込んでいきます。

潜在意識が眠っているエネルギーを引き出す

潜在意識の話を続けます。

たとえば、あなたが願いをかなえようとしても、心に否定的な思いがあるとうまくいきません。疲れたとか、嫌だとか、あの人がこう思うんじゃないかなど、負の思いが足を引っ張り、前に進めなくなるのです。

しかし、ヒマラヤ瞑想で心を純粋にして願えば、すべてが意識下で計画され、必要なことが整っていきます。それは潜在意識の力です。いい心と純粋な願いをもって、空っぽな心で物事を進めていけば、そのことが実現していきます。

「源の存在」につながって修行をすると、思ったことが実現するようになります。そこまでの能力を身につけるには本来は時間がかかるのですが、ヒマラヤの恩恵によって修行を始めると、思ったことがすぐ現象化するようになります。**潜在意識がある一点に力を集め、眠っていたエネルギーを引き出してくれるからです。**

私のところでは、サマディマスターが祈ります。それを「サマディプジャ」といい、サマディ祈願のことを指します。サマディからの祈る力は、サンカルパという純粋意識からのウイルパワーとなり、神の祈りとなって願いが速やかにかなっていきます。

さらに、ヤギャという、インド式の護摩焚き「サマディヤギャ」を行います。サマディマスターのサンカルパという強力なパワーをもった護摩焚きとなり、皆さんの願いをかなえていきます。

同時に、皆さんが修行することでどんどん運命が改善され、よい方向に導かれます。普通はカルマがエネルギーをかき乱して、進む方向に行けなかったり、願いがかなわなかったりしますが、サマディマスターとヒマラヤの恩恵につながることで、運命が変わっていくのです。

高次元のエネルギーをつなぐには橋渡し役が必要

ここまでヒマラヤの教えがカルマを浄化して変え、運命を変えていく可能性について、いくつかの事例で紹介してきました。しかし、それはほんの一部のことで、ヒマラヤ秘教は奥深く、無限の広がりをもつ教えです。この後も本書の中で折に触れて紹介していきたいと思います。

私はよく皆さんから、「ヨグマタにお願いをすると、願いが早くかなう」ということをいわれます。

ヒマラヤの恩恵は究極のサマディからの恩恵であり、神につながるパワー、それ自体が強いがゆえなのです。

もともと神さまは私たちのまわり、あちらこちらにいらっしゃいます。しかし、その神さまだけを思っていても願いはかないません。

苦しいときの神頼みのように、なんとか見えない力にすがりつこうとしていろいろやってもらったりすることもあるようです。しかし、ただ漫然と祈っていても効き目はありません。なぜなら、あなたと神さまを結ぶホットラインがないからです。絆が存在しないのです。

高次元の存在につながるには、特別な能力をもった媒体が必要です。神と同じクオリティの純粋な存在が橋になることが必要なのです。それがヒマラヤ聖者、マスターです。ヒマラヤ聖者の直接の祈りは、サンカルパという、神のレベルからの祈りになり、それがダイレクトに神に届けられ、願いが早くかなうのです。

ちなみに、ヒマラヤ聖者は生きた人のみを救うのではなく、亡くなられた方の魂を救うこともできます。私たちの心身は、先祖7代のカルマが強く影響しています。先祖の供養をすると、先祖の御霊《みたま》が供養されるとともに、あなたの運命も変わるのです。

しかし、純粋な橋がなければ、いくらたくさん祈っても効果はなく、供養されません。ヒマラヤ聖者のサマディからの先祖供養の祈りは、カルマを浄め、魂を引き上げるので、安らぎをいただくことができるのです。

潜在意識で物事が変わっていく

私のところの会員さんで、父親がつくった自分たちの会社を、共同経営していた従兄弟《いとこ》に乗っ取られそうになった人がいます。ある日、会議で決まったからといって、急に会社を追い出されることになってしまいました。

そのとき、こちらに祈願を出したら乗っ取られずに済んだそうです。実際は自分たちよりも従兄弟のほうが、能力があったのかもしれません。しかし、急に会社を追い出すというのは理不尽です。それを天の力が認め、神の配慮によって大事に至らなかったのでしょう。祈願を受けた私は、その人の願いのエネルギーを神へお伝えしたわけです。

さらに、その会員さんがよかったのは、その従兄弟を憎むのではなく、いいところを思い出して「あの人たちにもいいところがある」ということを意識できたことです。それですべてが変わっていったのです。

たとえ相手に非があっても、自分のエゴに引っ張られて相手を非難するだけでは何も変わりません。しかし、相手の立場や心情を多少なりとも汲《く》むことができれば、潜在意識のはたらきが変わります。そうすると、集合意識の深いレベルのはたらきで、物事が変わっていくのです。

ですから、神さまが共感してくれる行為、発言、思いを心がけ、いいカルマを積むことを心がけるのです。神が「これはいい！」という人は、必ず救ってくださいます。神に愛される生き方をすればいいのです。

ここまでヒマラヤの教えが、普通では変えられない、運命を変える力をもっていることを紹介してきました。恩恵とか、秘教とか、カルマとか、聞き慣れない言葉に戸惑う方もいるかもしれません。そのような言葉については、この後も折を見て説明しますので、ここでは「そんな教えがあるのか」ということを胸にとどめておいてください。

そして、もし興味があれば、あなたもヒマラヤの恩恵にあやかり、生き方をさらに豊かにしていきませんか。その中心に瞑想の実践があります。瞑想者に変容していくのです。あなたの中をよりよいクオリティにしていき、神に出会っていくのです。いまあるがままで始めて、無限のパワーにつながります。精神的で、清く、深いひとときをもちつつ、人とは明るく接して愛を与える人になります。

瞑想者になると、内側がとても整います。自然と視野が広がり、純粋で大きな愛の智慧が湧いてきます。バランスよく何でもできて、能力が開花します。

あなたの夢をかなえる
小さな習慣

1

「欲しい、足りない」ではなく
「足るを知る」気持ちをもつ。

「よい行為」「よい言葉」「よい思い」のアクション。
人を喜ばせ、その幸せを願う。

ヒマラヤ瞑想で満たされるいいエネルギーが、
同じクオリティのいい現象を運んでくる。

音の波動、マントラがつなぐ
神とのホットラインは人生を支える永遠のお守り。

Part 2

願いをかなえる小さな習慣

エネルギーを上手に使う習慣

心や体の使い過ぎは、エネルギーを激しく消耗する

普段、私たちは自分なりの幸せを求めて生きています。おいしいものを食べたり、休息をしたり、ゆとりのある生活をしたり、楽しんだりと、手っ取り早く人生を楽にしようとしています。

しかし、そのライフスタイルの多くは、ただ心の欲望を満たす生き方になってしまっています。心を使い、ストレスをつくり、カルマを積み重ね、エネルギーをいただける神から遠くなり、エネルギーを消耗するだけの生き方です。やがて心や体が疲弊してしまい、スタミナが尽きて病気になったりするのです。なかには、若くして亡くなってしまうこともあります。

そうしたことに、案外気がつかないものです。

心と体は使い方が大切です。世の中では、若返りの方法などが紹介されています。それらを次から次へと行い、体や心を若々しくしようとしているかもしれません。少しでもよくなるために、いろいろと苦心しているようです。

しかし、それらは根本的なことではなく枝葉のこと、うわべのことが多いのです。よいことをしているつもりでも、心も体もあまり使い過ぎていると、免疫力が低下して虚脱状態になります。

人によっていろいろな体の使い方があり、心の使い方もさまざまです。がんばっている人、のんびりな人……。その人のカルマによる心の使い方、体の使い方があります。鍛えることが必要かもしれません。または休むことが必要かもしれません。気づきをもち、バランスのとれた生き方をすることがポイントです。**中庸のバランスをとっていくのです。**あなたの体と心には何が必要なのかを天に問いかけ、それに従うようにしましょう。

心をフラットにして上手に使う

エネルギーが長く持続しない人は、何事も楽しみながらやっていないとか、無駄に緊張したり、焦ってやっているとか、ついがんばり過ぎてしまう、というタイプかもしれません。必要以上にエネルギーを消耗しているのではないでしょうか。

心を上手に使っていきましょう。どんなときも心が偏らず、平静になるのがよいのです。事にあたるときは、楽しみながらリラックスして行います。体が力んでいると疲れやすくなり、心も緊張して使うとグッタリします。体力や気力を消耗するような使い方はやめたほうがいいでしょう。

自分を信じることも大切です。「自分にはできないのでは」と悩んだり、否定的な気持ちで行動や思考をしていると、エネルギーの消耗が激しくなります。無心であるがままを受け入れ、自分を信頼します。

若い人やスポーツをしている人は体力があるので、心や体をたくさん使っても疲れを知らないかもしれません。しかし、やがては真理を知らないことで疲れてくると思います。

「真理を知らない」とは、カルマや心に翻弄される生き方です。本質を知らずに消耗ばかりで、充電をしない生き方のことです。真理を悟っていくと、心の役割を知り、こだわりがなくなるので、リラックスして自然に生きられます。生きるためには、どうしても心や体を使いますが、真理を悟ることで、それまで「心配」から心身を使っていたのが、「喜び」から使うようになります。

そうなると、たとえ疲れても短い時間でよく休めて、回復も早いのです。あなたの心や体を越えたところにある本質の智慧や生命力が加わった生き方に変わるのです。智慧をもって、愛をもって、まわりにエネルギーを与えながら生きることができるのです。

あえて嫌なことをやってみる

何事も思うようにならないとか、人間関係がうまくいかない、願いがかなえられないというときは、心も体もアンバランスなものです。

これは、心をあれこれ使い過ぎているからです。しかも無意識にです。体がゆがんでいることもあります。その場合は集中力がありません。我慢や耐え忍ぶ気持ちがなく、そして自信がなくなり、何をするにも躊躇《ちゅうちょ》してしまうのかもしれません。

そんな人は、何かまず好きなことからやって弾みをつけたほうがよいかもしれません。ただし、それだけにはまってしまうことなく、同時に「自分の嫌いなこと」もやってみます。

そうして嫌なことをしながら、「なぜ自分はこれが嫌いなのか」を考えると、自分が損得を価値基準にして生きていることに気づきます。この気づきは、大変に有意義なことです。そして、やっているうちに、嫌なことをすることで心が丈夫になる、という恩恵があることもわかります。

やりたいことだけやっているのみでは、弊害があります。考える力もつきませんし、体力もつかないのです。

損得ではなく、あえて困難な道を選んでも、人のためになることをすれば、それを乗り越えたときの達成感もあり、集中力や智慧が身につきます。損を差し引いても、大きな余徳にあずかる場合もあるのです。

見えないところを浄化して整える

たとえばですが、トイレの掃除を率先してやってみたとします。トイレはなくてはならない場所ですが、ある意味で隠された場所であり、けっして表立った存在ではありません。

じつはここが大切で、見えるところだけをきれいにするのではなくて、見えない部分をきれいにすることに意義があります。人目につきやすい表面のみではなく、目の届かない内側や裏側をきれいにしていく。愛をもって、感謝をもって浄化していくのです。

ここに瞑想と同じ効用、つまり内側を整え、浄化していくという意味があります。「心の中は人から見えないからいいや」と考えがちですが、たとえ人には見えなくても、正しいことを考えたり、いい波動を出すようにする。そういう心がけをしていけば、いつも平安で穏やかな気持ちでいられます。**心を肯定的に使うと疲れないからです。**否定的なことを考えていると、どんどん心が弱ってしまいます。

ただし、なにがなんでも無理して肯定的に、というのも疲れます。**真ん中にいること、心を使わないで無心で見る**ことを行うと、本質に近づいていきます。心の内側をいい思いにする――感謝をする、愛するという心を使うといいのです。そうした心の使い方で、心の見えないところも浄まっていきます。

さらに瞑想の師に出会って瞑想を行い、積極的に内側を整えましょう。リラックスして、持続力がついていきます。そして内側から浄まった、いいエネルギーが外側へ放射されるようになります。

心の動きを冷静に見つめてみる

偏った心の使い方をして、疲れている人も少なくありません。コンプレックスで人目を気にしたり、自分のやり方に意地になったりすると、心のバランスが崩れてしまうのです。しかし、こういう心の癖は、本人が気をつけていてもなかなか直りません。カルマによって回路が組み込まれ、そういう状況になるとその回路にどっぷりはまってしまうのです。

こうした心のアンバランスは、「源の存在」とつながり、気づいていくことです。心と同化していた意識が少し明確になり、自分がなぜいつも同じパターンの行動をとるのか、客観的に見えてくることで改善することができるのです。そして、人に迷惑をかけているかもしれない、と自分の姿勢を反省し、まわりへの感謝や調和的な心をもちます。自分の内側の真理に気づいていくことで、心と体の調和がとれ内側から満たされるのです。

人は、心の欲望や感情のはたらきに翻弄されます。心の根底に、「失いたくない」という恐れの心があるのです。そうではなく、愛から心や体を使っていきましょう。体を愛する、自分を愛する、まわりの人を愛する、慈愛にも似た大きな愛で生き方を変えられます。心の奥深くにある愛は無限なのです。

自分を信じ、秘めたパワーを引き出し、愛を引き出します。そうすれば正しい判断ができ、正しい体や心の使い方ができて、自分をより輝かせることができます。それが神さまからいただいた心と体の力を、１００パーセント活かしきる新しい生き方なのです。

あなたの秘めている
エネルギーは、
無限の可能性をもっている

心のゆがみをとって100パーセントのパワーを発揮しよう

人間は皆、神から分かれたもの、つまり人間の魂は神から分かれた分身です。これは、人の体は大宇宙と同じものでできている小宇宙であり、その深い内側で宇宙の源につながり、そこと同じパワーがあることを表しています。人はその力、無限の力、神によって生かされているのです。

しかし、多くの人はその無限の力を引き出せないまま、一生を終えてしまいます。心の記憶の蓄積であるカルマが、魂を覆っているからです。そして「心が自分」だと信じているからなのです。さらに神の力の引き出し方、その使い方がわからないからです。もしその秘めたパワーに出会い、それを生かすことができるならば、さまざまな能力が開花し、運命も明るく展開していくでしょう。

内側の心をどう変えれば、神の力につながれるのでしょうか。

まず大切なことは、神がこの自分をつくったことを信じます。その力が、自分の奥深くに潜んでいます。そして心の執着を捨てることです。

「**無心になって、いまにいる**」ということ。「無欲で自然体」と言い換えてもいいでしょう。欲の心で見返りを期待するのではなく、愛をもって他人に捧げる。そうすると自分自身の執着がなくなり、魂を覆っている心の曇りが空っぽになり、神の力が現れやすくなります。

曇った心というのは、体の右側のエネルギーと左側のエネルギーが等しくならず、左右どちらかに偏ることでもあります。体の左右のエネルギーが等しくなれば、バランスがとれて、エネルギーがゼロの状態になります。

こうしたバランスのとれた状態で神に祈ることは、邪心がない無心のレベル、純粋なレベルでの祈りであり、神に届くのです。そして深いレベルからの協力が得られます。

ところが執着や心配があると心（マインド）が不安定になり、エネルギーのバランスも崩れやすいのです。

また、欲の心で祈っても、思いが欲のほうに逃げてしまい、パワーがうまく生かせません。ですから人が幸せになるようにとか、皆が生かされるようにとか、私利私欲ではない、宇宙的な愛からの願いでないと聞き入れられないのです。

ところで、インドの寺院の神の像やお寺で見る仏像の多くは、左右対称の姿勢で座っています。この姿勢は、左右のバランスがとれた状態を表しています。そうすると心も落ち着き、心が平和になり、無心につながりやすくなるのです。

宇宙のバランスがとれるとき、穏やかになる

エネルギーやパワーを効率よくはたらかせることができるのは、バランスがとれ、癖がなく、静寂なときです。何かを始めるときに、スタートラインは何もない平和できれいな状態です。しかし、私たちの心は常に欲望をもち、執着をもってはたらいています。

たとえば、胸が詰まりバランスを崩したとします。詰まりを取り除こうとして咳が出ます。自然に回復させてバランスをとろうとする力がはたらきます。そうしたバランスをとるためのがんばりもあります。それは心においてもイライラしたり、怒ったりすることや、夢を見たり眠っているとき何度も寝返りを打つことも、心身のバランスをとっている姿です。

それは、宇宙が常に動きながらバランスを保っているのと同じ原理です。昼と夜の境目や夜中の0時など、1日のうちに何度かエネルギーの状態が大きく変わり、動きが静かになるときがあります。とくに大きく変わるのは、太陽が沈むときと朝日が昇るときです。

朝日が昇る前、そこには静けさがあります。夕日が沈んだ後にも静けさがあります。そして、太陽が沈むと、月の光の活動にゆだねられます。真夜中は太陽が最も遠くにあり、その影響が少なく静かです。

潮の干満があるように、月の満ち欠けも影響し、宇宙自体が呼吸のようにリズムを刻んでいます。そこでは、エネルギーが交互に強まったり弱まったりして、やがて静かになることを規則的に繰り返しているのです。

そうした宇宙のリズムの影響さえ受けない、それが究極のサマディです。

満月の夜は願いごとがかないやすい

満月のときは、月のエネルギーが強くなります。こういうときに瞑想をして、よいことを思うとエネルギーが強まるといわれています。

また、満月のときには願いがかなうともいわれています。それは内側のより深いところへ願いがインプットされ、活動のエネルギーが活発になるからです。見えない力を含めた、集合意識全体の協力をいただけるのです。

私たちの心は、月のエネルギーの影響を受けています。満月のときは心も体も満ち、愛も満ちて、動きが活発になります。その逆に、新月で暗闇のときには心が消極的になり、活動も低下します。

瞑想はそれぞれの生活の中で、時間のあるときに行えばいいでしょう。ただし、理想的にはまだ皆が目覚めない朝の静かなときとか、夕方なら太陽が沈む頃の、エネルギーが落ち着き、静かになっていくときがよいといわれています。インドでのタントラというある種のパワーにこだわる修行では、夜中に行うこともあります。これは宇宙の動きが深く静まる時間を見計らっているのです。

人の体をつくる「土、水、火、風、空」

肉体と同時に、その奥にある心も軽くしていきましょう。

人間の体は土、水、火、風、空という、宇宙を構成する5つの元素でできています。それらが混在していろいろな個性の体質となっています。心も同じものでできていて、カルマによって、その元素の混ざり具合が異なり、個性をつくります。

その元素の中で、土の要素で肉体がつくられています。そこにはすべてをつくり出す素材があり、力強い生命力があります。

水は体の中にあり、感情をつくります。それを「感情の体」あるいは「水の体」といいます。また、私たちの血液や体液は水分でできていて、水分が少ないと脱水状態になってしまいます。細胞膜なども、水がしたたっているような状態が理想的です。体内の水が波立つと、感情がうねるようになります。

体の中にある火の要素は「火の体」として内側にあります。消化を促進したり、栄養物を転換したりして、疲労物質を分解します。それはまるで工場のように化学変化を起こし、新陳代謝を促しています。

火のエネルギーで体が温まり、さらに空気を取り入れると、全身に生命エネルギーが満たされます。火の体がさらに活性化すると、活力が出て、元気いっぱいにはたらくことができます。しかし、興奮しやすい人、激情型の人は、無駄に元気になることもあります。

さらに、人の中には風の要素もはたらいています。「風の体」です。私たちは空気を吸い、それを肺に入れることで、血液と酸素を結びつけて全身に運びます。そうして風（気）のエネルギーである「プラーナ」が全身に運ばれていくのです。このプラーナが全身に満ちると、生命力が高まります。この風のエネルギーが激しい人は激しい心に、静かな人は静かな心になります。

さらに「空の体」があり、そこに達すると、束縛されない心になります。

自分のエネルギーを自在にコントロールできる

インドでは修行者のことをサドゥとよびます。サドゥとは聖者のことです。その中でも究極の悟りであるサマディに達し、超能力をもつ聖者をヒマラヤ聖者といいます。人間のさまざまな「エネルギー体」を、自在に操ることができる人たちです。ヒマラヤ聖者は究極のサマディに達し解脱《げだつ》をしていて、人間の体と心と、それを超えたところにある真理を知っています。それは智慧と愛とパワーによって、人々を生まれ変わらせる力をもち、幸せへとガイドできる存在です。

そうした智慧の一つをご紹介します。

体というのは「食べたい」と思うときに食べると、ものすごく吸収していきます。入ってくる食物を一気に体に取り込もうとします。それは断食後の体の状態に似ています。断食前は使い過ぎた内臓が疲れて食欲もないような場合でも、断食をして体内を干して、渇望するような状態にリセットしてから食べると、体がどんどん吸収して、体全体が活動的になっていきます。

思考もこれと同じです。頭を休めて、少しずつ考えるようにすると「もっと考えたい」という欲求が起こり、ひらめきやアイデアが生まれやすくなるのです。ここには、先ほど紹介した風（気）のエネルギー「プラーナ」が関わってきます。

プラーナがストップすると思考が止まり、プラーナを供給すれば思考が冴えてきます。ヒマラヤ聖者は、このプラーナも自由にコントロールできます。これを「プラーナヤーマ」といいます。また、思考そのものをコントロールして、カルマを浄化し、心を滅していくことができます。ちなみにプラーナを用いた秘法をヒマラヤ秘教ではシッダークリヤ秘法といい、アヌグラハというサマディの恩寵が加わった特別なものとなります。ヒマラヤ聖者はプラーナの火を起こし、カルマを焼いて空っぽにして、変容させ、生まれ変わらせることができます。

心の中心にいると、エネルギーの道が開ける

背骨の左右にはエネルギーの通る道がある

ヒマラヤ聖者は心身を浄め、心を滅し、体の機能も止まり、呼吸も止まり、死を超えて究極のサマディに達しました。そこで「自己」になり、神になったのです。つまり真理になったのです。その体験で、永遠の存在となり神の智慧を得ました。それは究極の意識となり、死という終わりを体験し、生という始まり、創造の始まりを体験したのです。すべての宇宙の創造のしくみがわかったのです。ヒマラヤの聖者は、5000年以上昔にそうした真理になったのです。すべての人類の叡智は、こうしたサマディから生まれているのです。

人間の体には7万2000のエネルギーの道があります。その中の最も重要なものは3つの道です。

背骨の右側を通る、陽の道「ピンガラ」。同じく左側を通るのが陰の道「イダー」です。そして真ん中には「スシュムナー」という中庸の道が通っています。スシュムナーの道は、開かれていない人がほとんどです。

この**右のエネルギーは天から地に向かって流れ、左のエネルギーは地から天へ流れ、交互にはたらいて活動しています。**

心配したり、がんばり過ぎて根を詰めたり、怒ったり、または体の使い方によって、これらのエネルギーは偏りを生じ、左右のバランスが崩れます。右のエネルギーに偏ると、陽のエネルギーが活性化して眠れなくなります。反対に左の道に偏れば、陰のエネルギーが優位になって活動が控えめになります。もともと左の道は、気持ちを落ち着かせたり、内臓のはたらきをよくしたりするはたらきがあります。左右のエネルギーをバランスよくはたらかせ、調和状態を維持できると、快調になり若さを保つこともできます。この道は、ヒマラヤ秘教のマントラやシッダークリヤの秘法で浄めていきます。さらに厳しい修行を行い、すべてが浄まって左右のバランスがとれると、スシュムナーの道が開かれていきます。そこにとどまると、安定するのです。

常に心を使うと消耗してしまう

多くの人は、「自分は心と体である」と思っているのではないでしょうか。人は常に意識して、あるいは無意識に心（マインド）を使って生きています。心は楽しいことを考えたり、イライラしたり、心配の心を使っています。

たとえばA４サイズの用紙を、人さし指で下から支えてみてください。紙がグラグラして、なかなか中心がとれないと思います。このような不安定な状態に私たちはいつもいるのです。紙が落ちないように、指先や手をせわしく動かして、微妙なバランス調整を続けなくてはなりません。これでは疲れてしまいます。

うまく紙の中心を支えられれば、動きが止まって安定します。それがまさに、エネルギーのバランスがとれた状態です。右でも左でもなく、エネルギーがゼロになり、ワンネスになっているのです。**ワンネスは、体の中のエネルギーが一つになっ**

た状態のことです。心がこの状態になったとき、究極のバランスがとれているのです。

エネルギーの第三の道が開けると、心と体のバランスが整う

ヒマラヤの教えによってカルマを浄化していくと、そのプロセスで左右のエネルギーのほかに、高次元の第三のエネルギーの道が開けます。先ほど紹介したスシュムナーという、背骨の中心を通るエネルギーの道です。普段は開かれていないエネルギーの道が活性化されるのです。この道は心と体を超え、神へも通じる道になります。それはマスターのガイドによって進むことができます。その道のプロセスで出会うすべてを学びとしていくのです。心の正しい扱い方を学びます。神にしっかりつながって、さらに社会の中で学んで覚醒していきます。真の愛や平和のために自分を捧げられるようになるのです。

さらに、神に縁ができることで、生きることの根源に目が向きます。悟りへの道が開けていくのです。智慧ある人になり、最高の人間になっていく目標が見えてく

るのです。

すべてのバランスが整った「快適な状態」が無心

エネルギーのバランスをとるように、心のバランスも整えましょう。そのために「心の中心」を決めることです。

人は、常に心をはたらかせ、心が一喜一憂してやがて心のバランスを崩していきます。そうして心の中心、つまり神を見失ってしまうのです。

心の中心を取り戻すには、心を浄化します。あなたができることは、無駄なことは考えない、気にしないということです。

たとえば、父親に対して恐怖を抱いている人がいるとします。父親を見ると嫌悪感や、恐れの気持ちが自然に湧いてきてしまいます。それは「父親はこうあるべきだ」という価値観があるからです。しかし、父親のことをよく思い出し、よい点を見つめると「父もそれなりに大変だったな」と理解できるのです。そして、心のわだかまりも溶けていきます。

このようにこだわりや執着がなくなると、体と心を超えて創造の源に還っていくことができます。そして「無心」「空っぽの心」に戻るのが「心の中心にいる」「純粋な心にいる」ということです。

先に紹介したマントラの修行をすることで、楽に心が浄化されて、やがて無心になります。

マントラは目的に応じたさまざまなものがあります。運命を改善するマントラ、病気改善のマントラ、富が増えるマントラや、能力開発のマントラ、さらには悟りのマントラなどがあります。あなたの夢をかなえる最速で安全な道です。

瞑想すると心が空っぽになる

ヒマラヤ秘教の瞑想で内側を整えていると、心を空っぽにすることが容易になります。

この本を読んで、執着やこだわりに気づきます。あなたは、そうしたこだわりをもつ自分をあるがまま受け入れます。そのこだわりでバランスをとってきたところもあるのです。

さらに気づいて、進化の旅に向かってください。本を読むだけでは、まだ言葉の世界で心を使っているレベルであり、それを超えていません。まだ言葉にとらわれているものがあるので、心が空っぽではないのです。

それをはずしていくには、高次元のエネルギーにつながることが大切です。その波動は祝福であり、カルマを浄化して高次元の波動に引き上げてくれます。願いをかなえるにも、いくら願ってもエゴがあると神に届けられず、徒労に終わることもあります。ヒマラヤ聖者の祈りは神に直結する波動なので、速やかにその祈りが届けられるのです。瞑想、呼吸法、マントラなどの修行で、心を空っぽにして真理に出会っていきます。

無心になることで、体調も精神も快適になっていきます。心と体を超え、源に還っていくのです。純粋な心になり、安定すれば、仕事でもプライベートでもうまくバランスがとれていきます。「ちょうどいい加減」が定着するのです。

いままでストレスをため込んだ人、悩み過ぎていた人、人に対して苦手意識がある人、こだわりの強い人、いつも何か不満で満ち足りなかった人。あなたは変容して、内側から満たされていきます。いまにいて、いつも安定しているのです。心がざわめきません。

物事の中庸を見極められ、感情のバランスを均衡に保つことが自然にできます。内側から慈愛が湧き出て、すべての関係が調和をはかるようになれるのです。

瞑想で心の動きをよく学ぶことができます。体の異常や心の異常が出てくるのは、よくなろうとする姿です。すべてOKとして、信頼を選択します。瞑想中、心のはたらきを意識すると、もぞもぞしたり、イライラしたり、しびれたりします。心を超えて、心に翻弄されない生き方を手に入れましょう。

願いを最速でかなえる習慣

純粋な意識が願いをかなえる

あなたは、いろいろな望みをもっていると思います。

その願望をかなえるために、神社へお参りしたり、護摩焚きや祈願をしたりするかもしれません。それは結構なことなのですが、思いを成就させるには守るべきことがあります。

まず知っておきたいのは、自分の欲のためだけに祈らないこと。欲望丸出しの心や混乱したエネルギーで祈っても、願いは実現しない場合が多いのです。それに欲の心を強めると、エゴが強くなり、かなわないときに恨みとなり、自分に災いがかえってきて苦しくなるのです。

行為がその結果を生じさせ、記憶されます。それがカルマです。体の行為や、口の行為（言葉）、さらに心の思いも行為になります。これらの行為が清らかで美しいと、よい運命になってきます。よいものを引き寄せるのです。外の行為を、気づきをもって正しくしていく習慣をつけます。人生は自分の思ったとおりになっているのです。

人は、自分を守るための行為を選択しています。未来に幸運の縁ができる行為であっても、疲れているから、こわいからと自己防衛の判断でやらないことを選択しているのかもしれません。そして幸運を逃すのです。

そうした無知の心を一掃しましょう。積極的に無心で感謝をもってすべてをできる人になっていきましょう。

善行をします。よい行為はよい結果につながります。とくによいのは、人を助けるような行動です。自分の思い込みのエゴからのものではなく、無心から、愛からのものです。それが望みをかなえていく修行にもなっていきます。

やがて周囲にも伝搬して、「あの人の言うことだったら」というように信頼され、あなたの願いがかなえられるようになっていくのです。他人の協力ですべてがうまく運びやすくなります。

望みをかなえるということは、自分の意志だけでできることではなく、誰かに助けられて成就する面も大きいのです。

「信じる力」も大切にして

願いをかなえるためには、意志力を養うことが大切になります。

そのためには仕事なり務めなりを、誠実に、しかも喜んで学びとしてやっていきましょう。これら一つひとつが、意志力の練習の場でもあるのです。

自分のため、欲のためではなく、会社に、世の中に、いい仕事を残していく。そんな気持ちでやりましょう。そうすると自然にいいものが返ってくるのです。まわりの協力もたくさんもらえて、さらにいい仕事ができます。それが自分の望みをかなえることにもつながっていくわけです。

意志力を上げるには、自分を信じることも大切です。自信がなかったり、否定的な思いをもっていたりすると、そのとおりの結果につながってしまいます。やはり外側がいいものになっていくには、自分の内側に核となるもの、つかまるものが必要です。それはその物事が成功することをイメージするのがよいのです。

パワーが充電されると、願いがかないやすくなる

先ほど、仕事をしながら意志力を身につける話をしました。

もちろん、心がけだけでもそれは可能なのですが、理想をいえばそこに瞑想を加えると、より短い時間で意志力が培われていきます。

というのも、仕事はやはり消耗なのです。エネルギーがどんどん消費されていきます。ところが瞑想をすると、消耗と同時に充電がされます。瞑想をすることで知恵が湧き、内側が整理整頓されてアイデアがひらめいたりします。

また、自分の内側が整理整頓されることで、「何が自分の本当の願いなのか」がわかってきます。そしてその願いは「人も幸せになり、自分も幸せになるものか?」冷静に考えられる人になります。

神からのエネルギーが充電されると、はたらくパワーも生まれます。それは仕事にとどまらず、人を愛するパワー、人を許すパワー、いい人間関係をつくるパワーにもなります。

神とつながった人には愛が満ちてきます。

その結果、願いをかなえるために必要なものが素早く用意されます。そしてまわりの人たちからも愛され、協力をいただいて、よりスムーズに物事が進んでいくのです。あなたの思いと、あなたに好意を寄せる人々の思いがひとつになり、強力なエネルギーの波動がつくられます。

私のところへいらしている方が、「いい職業が見つかりますように」と祈願を出しました。その願いが、マスターから神へつながり、集合意識のレベルから天に届けられました。その結果、すぐに思いどおりの仕事に就くことができました。

祈願した人だけではなく、応援するまわりの人たちも同じ思いになることで、より大きなエネルギーが動き出したのです。それは集合意識の効果です。いろいろな準備がどんどん整って、スムーズにいい方向へ事が運ばれていったのです。

自分ひとりの力は小さなものです。あなたが願いをかなえたいのなら、瞑想をしつつ、行いや思いを浄めて、自然とまわりの力にも後押しされるような関係や環境を整えていくことです。

日本には古くから「お百度《ひゃくど》参り」というものがあります。「子どもの病気が治りますように」とか「志望校へ入れますように」といった願いを込めて、何度も神社の参道を往復して、また、お寺をめぐって、神さま仏さまに祈願します。昔は交通手段もありませんし、道も舗装されていないので、さぞ大変だったことと思います。何日間と期限を決めて、雨の日も風の日も、毎日ひたすら願をかけるのです。**自分の肉体（思い）を捧げ、愛を差し出して、願いをかなえる慣習です。**

これは利己的なものではなく、家族や他人のために自分を捧げる行為です。こうした無欲の願いは、見えない力にも愛され、その思いが成就しやすくなります。「自分の幸せだけではなく、皆の幸せのためにお願いしています。聞き届けてくださいましたら感謝いたします」。そんなピュアな心で、すべてを見えない力におまかせします。「もし、聞き届けていただけなくても、それは時期尚早ということであらためます」。そんな謙虚な気持ちも大切です。

こうして我欲を捨て、自分を手放していくと、見えない力が願いを聞き入れてくださり、あなたの願いや望みがかなっていきます。いくら願ってもエゴがあると神に届けられず、徒労に終わることもあります。ヒマラヤ聖者の祈りは神に直結する波動なので、速やかにその祈りが届けられるのです。

あなたの夢をかなえる小さな習慣

2

何かをするときは、楽しみながらリラックスして。
否定的な気持ちを捨てて、自信をもって。

「無欲で自然体」でいれば執着がなくなり、
心の曇りが溶けて、
神からのパワーが届きやすくなる。

自分の欲望を満たすだけの願いや、
混乱したエネルギーでの祈りは成就しない。
まずはアクションを正そう。

Part 3

失敗や変化はこわくない

失敗の記憶を溶かす

いろいろなしわ寄せから、失敗という結果が出る

失敗をいつまでも気にしたり、ミスをするかもしれないと、不安になる人がいます。過去のできごとが尾を引いているとか、強いトラウマが原因となっているのかもしれません。もしそうであれば、そうした回路をはずせばいいのですが、もともとの性質や親の遺伝となると、本人がわかっていても修正することができません。それが度を越すと、ますます直すのが難しくなります。

失敗をするには、それなりの理由があったはずです。たまたま疲れていたのかもしれません。自信がなくて弱気になっていたのかもしれません。注意力が足りなくてミスをすることもあります。気力がなかったのかもしれません。まわりと自分を比べ過ぎているのかもしれません。

誰かにいわれた言葉が気にかかって、エネルギーが乱れてしまった人もいるでしょう。そこには、「まわりが助けてくれるような生き方を普段していなかった」「尊敬が足りなかった」といった理由があるのかもしれません。

こうしたいろいろなしわ寄せが、失敗という結果として出ていると思います。どれか一つの原因というわけではなく、それらが複合的に絡み合っている場合もあるでしょう。

しかし、人間は誰でもミスをします。それを否定的に考えるのではなく、「失敗は成功のもと」と前向きにとらえましょう。「あのときは、自分にもおごりがあった」「恐ればかり強くなって、自意識過剰になってしまった」と、謙虚に反省をして学びにしていけばいいのです。冷静に考えるチャンスをいただき感謝する。そんな心のゆとりをもっていただきたいと思います。

自分の失敗を許して、自分の純粋性を信じる

世の中には完璧主義の人もいます。何事もきっちり、折り目正しく進めていかないと気が済まない。それはそれで素晴らしいことです。しかし、見方を変えれば几帳面過ぎて、何でも堅苦しく考えてしまう性格ともいえるでしょう。

こういう人は、少しのミスをすると「大変なことをした」とか「大きな恥をかいてしまった」と思い込みやすいタイプです。プライドが傷つきやすく、自信をなくしてしまうかもしれません。

しかし、あまり自分を責めないことです。あまりにも緊張していて、まわりが見えなくなるときがあります。そうすると、集中力が欠けて失敗しやすいのです。また、自分の過去の失敗を許してあげる、ということも大切なのです。「大丈夫。誰でも間違えることはある」という発想で許し、無心になりましょう。

それを貴重な経験の学びにして、次には注意深く、ゆったりと行えばいいのです。全力でリラックスして取りかかるのです。心（マインド）がごちゃごちゃ考える

のが、一番失敗につながります。無心でいて奥深くにある純粋な自分を信じるのです。

恐れる気持ちがますます恐れをよぶ

「失敗をしないように」「怒られないように」と、おどおどしたり、変な緊張感をもっていたりすると、かえって悪い結果を引き寄せてしまうことがあります。**恐怖の波動が、マイナスの波動につながってしまうのです。**

何事も自分を信じて、無心でベストを尽くします。それでも失敗したら、それは学びだと思えばいいのです。怒られないように、という消極的な姿勢ではなく、まわりの人を尊敬して、愛する姿勢をもちましょう。

すべてを自分で抱え込むのではなく、「私は未熟ですから間違えることがあるかもしれません、よろしくご指導ください」と、素直に自分を投げ出せばいいのです。まわりの人たちへ謙虚にお願いする心がけがあれば、それが見えない力を引き出して、すんなりと事が運んでいきます。

自分を信頼する強い気持ちが失敗の記憶を溶かす

誰でも多かれ少なかれ、失敗の記憶をもっていると思います。先にお話ししたように、それを未来に活かせれば、価値ある失敗になります。しかし、そこにばかり意識が向いていると、行動を起こすたび心にスイッチが入り、悪い記憶がよみがえるものです。

このように心がとらわれていると、いままでできていたこともできなくなり、自信もなくしてしまいます。そんなときは、自分の成功体験を思い出してください。もともと自分がもっていた力を再認識し、自分を信頼してやっていくのです。

自分の純粋性を信じて「自分はできる」「自分もまんざらではない」と言い聞かせ、少しずつ自信を回復させていきましょう。

そして、いまあるがままの自分を受け入れて、小さいことでもいいので、できることを集中してやってみてください。ベストを尽くして、無欲でできることを積み重ねていってください。このようにして、持続する力のようなものを養ってやっていくといいのです。

しばらくして振り返ると、コツコツやってきたことで心の力がついたことがわかり、自分がやり遂げたことに大きな喜びも感じるでしょう。そしてそれが、いつのまにか、失敗の記憶を溶かしていることに気づくと思います。

失敗や損得を超えて、差し出していく

得することも損することも知って、超えてゆく

「失敗したくない」「人から怒られたくない」という気持ちが強いというのは、臆病なのか、それともプライドが高いのでしょうか。いずれにしても、思い切ったことはできないかもしれません。何でも無難にやろう、言われたことだけやろう、という消極的な姿勢になるのではないでしょうか。

注意されないと自分では気づかないこともあると思います。自信がなかったら質問をすればいいですし、うまくいかないときは「教えてください」とお願いすればいいのです。ですが、すべて手取り足取り教えられていては、自分で考える習慣がつかず、クリエイティブとはいえませんね。

「コスパ」という言葉が、若い人の間で使われているそうです。何かの買い物をするとき、「これはコストパフォーマンスがよい」、あるいは「コスパが悪い」などと吟味するそうです。何かを行う前に「失敗したくない」ということと、根っこが同じような気がします。

損を自分のミスや失敗としてとらえて、何事にも失敗や損をしたくない、という考えが強くなっているのではないでしょうか。もしかすると、得するのが当たり前、という意識が強いのかもしれません。

少しでも得をしたい、人より優位に立ちたい、負けたくない、という競争社会の悪い面が顕著になっているのかもしれません。しかし、世の中は得する人がいれば、その裏では必ず損する人がいます。それは表裏一体で、どちらの立場になることもあります。

得ばかりしている人は、傍目には幸せそうですが、人に与えることが学べません。損をする人の気持ちもわからないでしょう。これは精神性や信仰という面で見ると不幸なことです。

なぜか損ばかりする人は、精神状態が不安定だったり、自信がもてない人だったりします。損をしやすいカルマをもっている場合もあるでしょう。いずれにせよ、そういうパターンの人は、負けのくじを引きやすい傾向にあります。卑屈な、何かに依存をするようなエネルギーをもっていることが多いのです。

そんな人には、肯定的な体験も必要です。神を信じ、奉仕をし、智慧を出して、体を使って相手を利することで執着が溶かされる喜びを感じます。そうすれば相手からの感謝が返ってきて、それが魂の喜びとなります。得することも、損することも知って、両方が常にあることを知るのです。そして自分を信じ、相手を利するようにはたらくことが理想です。

損をしても得をしても、ただベストを尽くすことを学ぶのです。**損得の心を超えていきます。**常に与えて、見返りのない愛を差し出し、皆を助けていきます。そして神を愛し、自分を愛し、他を愛していけば、まわりからも愛され、いろいろなことがうまくまわり出します。

ひとくちに損といっても、他人にいいことをしてあげて、その見返りがないような人は、何も悲観する必要がありません。いつか必ず得することが回ってきます。

それは「カルマの法則（↓25ページ）」からも明らかです。正しい行いを続けていれば、見えない力からの配慮が必ずあるものです。

差し出すことで、本当の見返りがある

信仰をすることとは、損得やコストパフォーマンスを基準にするものではありません。しかしそのように考える人も、なかにはいます。私の研修や合宿に来る人でも、カルマの浄化にかかる時間を取り上げて「コスパがいい」とか「コスパが悪い」などと言う人もいるようです。

信仰とは本来、そうした損得の心を捨てた後、利益のあるなしを考えずに、ただ信じることで恵みがいただけるものです。命をいただくのであり、目に見えるものや、お金をつくるテクニックを手に入れるということではないのです。

智慧や、愛や生命力という、形のない大切なもの、それも信仰しサレンダー（帰依）することによってはじめて心に湧き上がるものなのです。あれこれ計算する心では手に入りません。神につながること、中庸にいくことは何も増減のないところ

です。

社会生活は、心をはたらかせ、あれこれ吸収してどんどんカルマを受け取る世界です。競争があり、欲望を満たしていく世界です。捧げることなど思いもしない世界なのです。そんな環境の中で、私が皆さんにおすすめしているのは、どんどん差し出すことです。どんどん捧げていくのです。

余計なものは捨てていかなければいけません。すると執着がとれ、内側からパワーと智慧が出て、それによって願いがかない、幸せになっていくのです。

これは、何かを得たいとか、欲しいとか、損得とはまるで違う回路です。**空っぽになると、内側からすべてを可能にする力が湧いてきます。**とらわれの心、比較する心、ジャッジする心、不足を思う心、最終的にはよい心さえも、捨てる回路をもっていただきたいのです。それがとらわれない修行です。損得やコスパにとらわれず、無欲でやらないといけないのです。

何かいいことをした結果、ご利益がすぐに返ってくるかもしれません。また、来世で返ってくるかもしれません。あるいは天国へ行くときに恩恵があるかもしれません。しかし、それを期待してはいけません。損得ではなく、無償の愛、つまり宇宙的愛を育んで行動していくことが大切なのです。

損得抜きで「愛」を基準に考える

あなたが二者択一の場面に遭遇したとします。

二つの物のうち、あなたは単純に自分の好きな物を選びますか。それとも好きではないけれど、得をしそうな物を選びますか。こうした分かれ道では、その人の素の心が顔をのぞかせます。

後者を選んだ人は、ある意味で賢明で、堅実な人でしょう。傍から見ればクレバーで素敵な女性に映るかもしれません。しかし、こういうタイプは、ともすると計算高い人になって、損をすることが許せなくなったりします。そして、いつも勝ち誇ったような態度が身につくかもしれません。

そうなると女性としては、美人とはいえないかもしれません。ちょっと見はいいのですが、それは人工的な美しさ、実利的な美しさなのです。そして結局はすべてを失い、幸福が逃げてしまうタイプでもあります。

ここでは女性を例にしましたが、男性も同様です。多くの人は、選択の判断を心にまかせています。しかし、本当は心を超えたところにつながって選択したほうがいいのです。

というのも、心のつながりとはカルマのつながりですから、損得や執着で選ぶことになりやすいからです。その結果、心に翻弄され、カルマの苦しみを生み出して、同じことを延々と繰り返していくのです。

できればそうしたカルマから自由になる生き方をしていきませんか。真理に出会う、意識を進化させる生き方です。

それには、**人に与える練習をします**。それによって大きな慈愛の心が養われていきます。そういう生き方を選んでいくと、「魂の美しい人」にどんどんなっていくのです。そして、望まなくても見返りがやってきます。自分のみでなくまわりの人、さらには先祖にも、よき結果が現れるのです。

自分を少し変えると前に進み出す

仕事や恋愛の失敗は自分を変えるチャンス

本書を読んでいる方で、なかには、仕事に明け暮れている人、恋愛に夢中になっている人もいると思います。

そんな方に私がお話ししたいのは、**相手は「自分の映し出された姿」である**ということです。自分の魂も輝いていて、まわりの皆にも喜ばれるような仕事や恋愛をしているなら、そこに現れるものは相手からあなたに注がれる感謝です。その鏡に映し出されたものを通して自分を見つめるときです。

自分が失敗したのはあの人のせいだとか、競争に負けたからとか、誰かを責めてはなりません。負ける原因は自分にあったのです。自分の欲のみの仕事であったり、人によく思われるための仕事であったり、ただ愛されたいというエゴであったり、自分が楽しむための恋愛だったのかもしれません。自分に不足していたものに気づいたら、素直に反省して変えていけばいいのです。

「自分が変わることで相手も変わり、まわりも変わる」ということをベースにアクションを起こしてください。自分が変わっていかないと、失敗もなくなりません。失敗は学びですから、痛い思いをしてはじめてわかることもあります。

恋愛の面でも、相手に尽くして最後に捨てられてもそれはそれでいいのです。許しが足りなかった、愛が足りなかったと、自分に足りなかったものに気づき、学べることは無駄なことではありません。

愛を捧げる生き方を行っていき、魂を進化させていく生き方を選択します。

変化を恐れるあまり、よくなる変化も恐れていませんか？

変化を嫌う人がいても、不思議ではありません。たとえば世の中が変われば、古きよきものや、残したい文化が失われることもあります。私たちの住む家にしても、昔ながらの木の家のメリットはたくさんあるのです。しかしいまは見た目や機能性を重視し、最新の素材ばかりを使います。こうした変化を受け入れないとストレスになります。

私たちの体がいい例です。私たちは老い、やがて死を迎える変化があります。体の変化はストップできません。

お金にしても同じです。病気をして収入がなくなったらどうしようとか、使い過ぎて貯金が減らないようにしようと心配している人がいます。お金への執着が不安をあおっています。しかし、お金が入るのも出ていくのも、変化の一つです。無理に出さないようにこだわるのは不自然です。お金は、捧げた以上に何倍にもなって返ってくるのです。

恋人や友人といった人間関係も変化します。誰かと別れたら、もっといい人に出会うかもしれません。あるいはそうでないかもしれません。**すべては自分が引き寄せています。**自分を変えるチャンスです。

いいカルマを積みます。あなたの引き寄せるものを変えるには、カルマを変えます。執着を手放すのです。

変化がこわいと感じる人は、変化が起きたことで苦い経験を味わったのかもしれません。しかし、心が深いところで恐れを抱いていると、再び同じ恐れをよんでしまいます。

いつかこの体もなくなり死を迎えます。死ぬとき、人は何ももっていかれません。すべては変化し、消えゆくものであると理解するのです。

変化するから前に進める

変化がなければ、進化もできません。

いま、あなたがもっているものをいつまでも抱えていると、こだわりの人になって、どんどん頑固になります。ため込んだままで「もっといいものが欲しい」とエスカレートすれば、整理整頓もできず、キャパシティもあふれてしまいます。

そうした状況ではエネルギーが停滞して、そこにあるものが循環せず、やがて古びていきます。

やはり、さらにいいものを手にして、魂を進化させていくには、古いものを手放す勇気も必要なのです。時にはリスクを負わないといけないのです。

あなたが手に入れたものは結局、死ぬときにはもっていけないものです。ひどい言い方ですが、依存しているゴミのようなものなのです。ですからあまり執着せず、本当は皆と分かち合って身軽になったほうがいいのです。

しかし、見えるものしか信じていないと、それがなかなか思い切れないのです。誰もがいろいろなものを抱え込んでいるのが現実です。それが自分を支えてくれている、と信じて執着しています。

しかし、それらは依存しているものであり、本質ではないのです。本当にあなたを支えるもの、あなたを生かしめてくれているものは魂であり、あなたの「根源の存在」です。

「すべて抱え込む」ということは、どんどん真理、つまり神から遠くなる行為です。人はすべての抱えているものを手放したときに本当の自分が現れ、魂が目覚めます。それが人間の本質です。

得たものは、喜んで手放す

新しいものに出会ったり、何かを得たら、喜んで差し出しましょう。お金がたくさん入ったら、思い切ってお布施をしましょう。そうするとごっそりと執着がとれて、祝福がやってきます。将来、それ以上の恵みをいただくことができるのです。何倍にもなって還ってくるでしょう。

仏教にも喜捨《きしゃ》（すすんで金品などを差し出すこと）という言葉がありますが、喜んで捨てることで魂が磨かれるのです。得たものはその人の力ではなく、見えない命がはたらき、運よく得られたのです。その一部を捧げるという変化も恐れてはいけません。

お布施のような、人に捧げる行為は「魂をきれいにする喜び」です。そのお布施が自分だけではなく、まわりの人の魂もきれいにするために使われれば、たくさんの魂がきれいになって、皆の感謝や祈りがあなたに降り注いでいくのです。

インドでは、皆の力で寺院をつくります。お布施する人は最大の功徳をいただけると信じているからです。皆がそこで神に祈り、よい心になり、そこへ寄付した人にもその祈りの功徳が届くのです。

そうしたものを建てるためにお布施をするのは、後世、日本や世界の平和につながります。またそうした神聖な場所とそこからのバイブレーションが、常に人に愛と平和を思い出させていくのです。そこでよい教えが説かれて、瞑想が広まり、そして祈る人たちのカルマが浄化されれば、皆が愛の人になって、平和の人になっていくからです。

そんな実践の場、祈りの場、志を捧げる場所をつくることができれば、喜捨した本人の功徳となり、神に近くなっていきます。差し出したものが、皆の幸せになることに使われることは尊いことなのです。私は以前から、こうした「福の循環システム」のような場所をつくりたいと思っています。

自分を変えたいときは自分の中心をつくる

なかには変化を恐れず、むしろ「自分を変えたい」と思っている人もいるかもしれません。

「何をやっていいかわからない」とか、あるいは「何をやっても自信がもてない」とか「他人と自分を比較したり、ジャッジしたりして心が平和でない、何かが満たされない」など、自分を好きになれない人が変化を求めて私のところへ訪れます。

なぜ、人のことをうらやましがるのでしょうか。なぜ人をジャッジするのでしょうか。自分を好きにならないのでしょうか。

それは心の思いに翻弄されているからです。一生懸命に努力しなかったり、自分を信頼していなかったりするからです。自分の中心、核といえばいいでしょうか、何か支えになるものをもっていないからです。**中心さえしっかりしていれば、どっしりとした自信が芯になり、自分自身に対して不安や疑念などもたないでしょう。**

ところが、心が自分と信じて、心（マインド）の欲や思い込みにばかりすがっていると、どうしてもその心は自分を責めます。「私はできない」「私はだめだ」「あの人のほうができる」といった劣等感に苛まれ、自分を卑下しがちです。

私は日頃、こうした方に「信じることで、自分の中心をつくりなさい」とすすめています。「信じる者は救われる」という言葉がありますが、信じる力はとてもパワフルなのです。

たとえば、悟りを開いたキリストやブッダ、マホメットを信じる人は、宗教を信仰します。あるいは観音さまを信じるとか、いろいろな神や仏を信じる、あるいは太陽を信じる、自然を信じるなど、いろいろな信仰があります。いずれも力をもつ存在を信じることでパワーをいただいたり、救われることを願っているのです。ここでの信じる力は、信仰の力といってもいいでしょう。

自分を信頼して生きる

しかし、信仰心のない人に、いきなり「信仰しなさい」と言っても無理がありま す。信仰というものに否定的なイメージをもつ人もいるのです。こわくなって、腰が引けてしまう人もいるでしょう。既存の宗教はキリストやブッダや神々を信じます。道徳を教え、教義を信じます。

まず、あなたは「自分を信頼して生きていくこと」を信じる力としてください。自分を信じることなら、恐れや不安も湧かないでしょう。**あなたの本質が神であり、**

それがあなたを生かし支えています。見えない存在、それがあなたに生命力を与える太陽なのです。

このように、本質からの自分を信じること、信仰することを、あなたの生活に取り入れるのです。もしそこに物足りなさを感じるなら、「祈り」と「神を信じる」という生き方をプラスしていってください。

思いやりをもって、謙虚さをもって、感謝をもって過ごしていきます。そうすると体の奥底から自信が湧いてきます。これは自分本位の心（マインド）の自信ではなくて「魂の自信」です。そうすることで常に守られ、自信をもって生きていくことができるのです。

日本では信仰というと、年をとってから神さまや仏さまを信心するようなイメージをもたれがちです。しかし、インドでは幼い子どもでも、信仰が生活の中心にあります。それは早い時期からやるほどいいのです。

私は日本の20代や30代といった若い方にも、いまこそ、競争社会で疲れるマインドを手放し、本当の真理につながる真の信仰をもつことをおすすめします。神につながらない生き方は、常に不安で平和がないのです。

巷のスピリチュアルな道は、テクニックが先行しがちですが、あとで弊害が起きることもあります。エゴがなかなかとれず、逆にエゴがつくのです。

この道は純粋になる道です。早くから信仰をもつことが、無限のパワーを引き出し、より速く心と体を浄化してくれます。

ヒマラヤの恩恵との出会いは奇跡

ここでヒマラヤの教えについて、少しお話しします。

ヒマラヤの教えは「ヒマラヤ秘教」とよばれます。宇宙を創り出した**「創造の源」**を信じることが、教えの根本にあります。神から分かれた個人の魂が、私たちのこの肉体と心を生かしています。その魂につながり、神につながって信じていくことで、無限の生命エネルギーを引き出すことになります。さまざまな能力が活性化され、パワーにあふれた人に変容していくのです。

ヒマラヤ聖者であるシッダーマスターにより、ディクシャというサマディからの純粋な高次元のエネルギー伝授の儀式を通して、神につなげていただきます。ヒマラヤ聖者のシャクティパットという エネルギー伝授が行われ、体の内側深くにあるエネルギーのセンターが浄められ整えられます。そして、魂が引き上げられ純粋な波動と一体になって生まれ変わることができるのです。同時に、マントラを伝授していただきます。

マントラは、私たちを神の純粋な世界に運ぶ船の役割をします。源の存在に私たちがつながるための神秘の音の波動です。その波動で内側への修行を安全にできるスタートが許可されるのです。マントラ修行は、瞑想を起こします。過去生からの計り知れないカルマが浄化されていきます。

それとともに信じることが大切です。すべてをまかせます。また、常に布施や奉仕の捧げる善行を行い、功徳を積み、負のネルギーを排除していきます。そして、心の思いはどんどん手放します。そうすると、集中力も増し、本来の自分自身である魂が輝き出すのです。

マスターの役割は、私、ヨグマタが担います。私は究極のサマディに到達して、真理を体験したシッダーマスターです。それはヒマラヤで生死を超えた修行をして、究極の境地に到達した人だけに与えられる尊号です。正当なヒマラヤ秘教の継承者という意味から、ヒマラヤ聖者とよばれることもあります。

究極のサマディというのは、**魂と一体になり、創造の源と一体になって、すべてを悟ること**です。私はそうした究極の体験をしているので、神への橋渡し役になり祝福を与え、変容させることができるのです。

皆さんにサマディからの叡智と愛と、生命力をシェアしています。話や、手、目、あるいは私自身そのものでアヌグラハをシェアしています。それらによって心身の曇りを取り除いて、気づきを与え、真理に向かう新しい生き方へと導いています。ディクシャで魂を引き上げ、苦しみから解放しています。愛と平和の生き方をガイドしています。言葉によって、本にも表し気づきを与えて、浄化しています。

現在、下界に姿をあらわしているヒマラヤ聖者は、世界中で二人だけです。私の兄弟弟子であるパイロットババジ、そして私です。ですから、じつはこうして皆さんに本を通じてお話ができるのも、稀有なご縁なのです。たまたま私が師匠のハリババジから、日本で教えを広めることを言い渡されたからこそ、こうして皆さんと触れ合うことができました。ですから尊いこの縁を、ぜひ大切にしていただきたいのです。

私の言葉は、究極のサマディから生まれた智慧であり、神からの啓示でもあります。マスターを信頼し、その先にある源の存在を思うことで、根源からの祝福をいただくことができます。

すると生命エネルギーが活性化され、生命力が満たされていきます。さらに潜在能力も目覚めて、無限の可能性が開花します。そして心の曇りが晴れ、「大丈夫！」という温かい気持ちに満たされます。

どうぞ、マスターと神を信仰することで、「自分の中心」に神からの高次元のパワーをいただいてください。そうすれば失敗や変化などといった、ささいなことを恐れることもなくなります。自信にあふれた、新しいあなたに生まれ変わってください。

感覚の喜びから魂の喜びへシフトする

感覚の喜びにひたっていると、朽ちていく自分に気づかない

法華経の教えに「三車火宅」という方便の話があります。

焼け落ちようとしている家屋の中で、子どもが無邪気に戯れています。長者という仏さまに代わる人が子どもたちを救い出そうとしますが、一向にその遊びから目覚めません。そして、かねてから欲しがっていた、羊の車と鹿の車、さらに牛の車が外で待っているから、早く逃げ出しなさいと、子どもたちを説得するのです。そして子どもたちは、牛の車が欲しいためにようやく火の中から飛び出してきたというのです。

このお話が教えているのは、「この世が実際は苦しみの世界なのに、おもちゃという心や感覚を楽しませるものに夢中になっていることは、滅びるものにしがみついて、無知のまま火事に飲まれて死んでしまう」ということです。

あるいは、このたとえ話の意味は、心や感覚が自分と思い、喜びにひたっていると、魂の存在に気づかず、真理を悟らずに一生を終えてしまう、ということでもあります。

魂になることが心から離れられる救済です。そのための乗り物、マントラという救済の道具を、私はすべての人々に差し上げています。いま、私はヒマラヤ秘教の恩恵の牛車をもって、あなたを救済しようとしています。火事の中での苦しみから車に乗って、楽に脱出して、本質の平和で愛に満ちた、智慧が湧き出るところに還るのです。

信仰の道はすべて、マスターが完璧にガイドしてくれます。それは、ゴルフや水泳をマスターするのに、専門の先生の教えを受けるのと同じなのです。ただしヒマラヤの聖者は知識を教えるのではなく、あなたを守り、エネルギーと祝福をシェアして、あなたを進化させ悟りをガイドするのです。

魂を目覚めさせるとわかること

ここまで紹介してきたように、心や体が自分ではなく、**魂こそが本当の自分**なのです。それは肉体がなくなっても、永遠に生き続ける存在です。人は何度も生まれ変わるという輪廻転生の思想は、この魂の再生を示しています。

今生でいいことをしていくと、来世ではお金持ちに生まれたり、美人に生まれたり、健康で生まれることがあります。そうしたエネルギーの連続がたしかにあるのです。それは行為や思いがすべて心に刻まれる「カルマの法則（↓25ページ）」が厳然とはたらいているのです。

魂は、自分が心と一体になっていることに気づいていません。また、心は自分が神である、本当の自分であると思い込んでいます。そのことで輪廻転生が繰り返されているわけです。こうして内なる魂が現在、過去、未来を通じて、あなたの壮大な旅路のベースを築いていきます。

自分の中に魂があることを信じます。その存在に早く気づけば、このパートで扱ってきた失敗や変化を恐れる心、損得にこだわる心は、いずれも心（マインド）がつくり出す幻想に過ぎないことがわかります。

そして魂が覚醒すると「この人生は真理を知るために生まれてきた」ことに気づきます。そのために純粋なエネルギーによって目覚めさせていただくのです。魂を目覚めさせる時期が早いほど、魂の「進化」が早まる可能性がありますが、年齢を経た方は魂の「深化」をめざせばいいのです。いつからでも遅過ぎることはありません。

ヒマラヤの恵みで魂を目覚めさせる

より速やかに魂の目覚めを起こすには、ヒマラヤの恩恵を受けるといいのです。「マントラ瞑想」や「シッダークリヤ秘法瞑想」は、心を浄化してくれます。マスターからのアヌグラハの恩恵で心身が浄まり、ストレスが浄化されていきます。強いこだわりの心配もとれて、「まあいいか」という楽な気持ちになります。

魂を覆う心の曇りがとれることで、本当の自分に出会っていけるのです。そうして変容していくプロセスで、神からの智慧とパワーと愛を祝福としていただき、心身が整い、快適に生きられ、クリエイティブな仕事ができます。さらに、自分がより満ちて人に愛を与え、自分を捧げる生き方が自然にできていきます。

さらに、瞑想を習慣にしていくと、マントラの力、祈りの力、大いなる力によって生かされていることがわかっていきます。それが智慧のもとになり、謙虚で落ち着いた気持ちになれ、パワーが充実して、まわりにリアクションせず、根元がしっかり安定していきます。

どうか、あなたの中にある神秘の存在に出会うために、そこにつながって、深い絆をつくり、最高の人間に生まれ変わっていただきたいのです。

私はそれをサポートします。なぜなら神と私の師であるハリババジが、私に「皆を進化させなさい。皆を真の幸せに導きなさい」と命じられたからなのです。

ヒマラヤの教えによって、多くの方に魂の目を開いていただきたいのです。

あなたの夢をかなえる 小さな習慣

3

恐れや緊張がマイナスの波動をよぶことも。
自分を信じて、無心でベストを尽くす。

目先の損得は考えず、見返りのない愛を差し出して。
まわりの人から愛され、物事もうまく回っていく。

変化がないと進化もない。
古いものに固執せず、手放す勇気も必要。

何かを信じることで「自分の中心」をつくる。
信仰をもつこともそのひとつ。

Part 4

日常にある スピリチュアル

目に見えないものを信じるということ

目に見えない、私たちがいた場所

「形あるもの」だけが存在しているのでしょうか。少し思いをめぐらすと、身近にも目に見えない存在や現象がたくさんあります。

たとえば氷が溶けると、固体から液体に変わって水になります。さらに、その水が温められると水蒸気となり、やがて肉眼では見えなくなります。しかし、水を構成する原子などは変わらずに存在して、その空気中にあるのです。

水の性質は目に見えません。すべての物質ができるプロセスも、このように見えない存在から、形づくるプロセスがあって現れるのです。

科学の世界でいう原子や電子といったものが、すべての物質の中でエネルギー活動をしています。同じように魂のあるもの、つまり命のあるものの中では、生命エネルギーが活動しています。

こうした力は目に見えません。しかし、物質や生物が形になる前からはたらいています。いわば「**根源のエネルギー**」といっていいでしょう。そしてそれを創造して、すべてのものを生かしめている存在があるのです。

この根源のエネルギーは、私たち人間の存在の謎に関係します。それは「私たちはどこからきたのか」という問いに通ずるものだからです。

私たちには、はるか遠い昔、まだ人としての形になる前にいた場所があります。私たちはその世界から今生へ送られてきたのです。そして物質化し、いろいろな命を体験して進化してきました。何度もカルマを積み、その願いによって生まれて死に、また生まれて死ぬことを繰り返してきたのです。

目に見えない「創造の源」を「ハイヤーコンシャスネス」あるいは「スーパーコンシャスネス」といいます。それを人は、神と名づけました。

神を信じないという人もいます。「見えないから信じない」というのは、みずから知ることを放棄した「無知」です。神から分かれた人間として、もったいないことであり、悲しいことです。

見えない心のしくみがわかると気持ちをコントロールできる

心というものも、私たちには見ることができません。

誰かに嫌なことを言われて怒りや悔しい気持ちが湧き、心の命令のままに相手を傷つけてしまうことがあります。それは暴言であったり、暴力であったりします。その根本には「自分を守る」という本能があります。それは根本のエゴです。心が自動的に自己防衛のために、そういう行動をとらせるのです。こうした心のはたらき（カラクリ）に気づくことができると、行動を起こす前に「それは人を傷つけることだからいけない」と気づきます。そして冷静にいまにいることができます。また相手の立場を考えて、自分の気持ちを許し、他の気持ちを許す方向に向かわせるとか、余裕をもたせるようなコントロールができます。

はたらき過ぎる人も同様です。ノルマや約束、心配や恐れから仕事に追われていると、まさに緊張の連続です。うまくリラックスモードに切り替えられず、疲れてミスをしたり、体を壊したりします。

そこには「人に迷惑をかけられない」「自分をできる人と思わせたい」といった心のエゴがあるのです。そして心のままに引っ張られ、つい無理をしたり、我を通してまわりと気まずい雰囲気になってしまったりするケースがあります。

心は、常に相手と自分との関係の駆け引きをしているのですが、見えないだけにやっかいです。しかし、ヒマラヤの恩恵で神（本質）につながると、**心の駆け引きの目線から純粋な魂の目線へと切り替わります。**

そうすれば見えない心のからくりも見通せるようになり、エゴを溶かしていくことができます。まわりとの調和をはかりながら、ベストバランスの結果を招くような行動ができるのです。

私たちの中にある根源の存在に気づく

物体や生物の構成を突き詰めると、電子や原子といった微細な物質になります。

さらにそれは原子核や陽子、電子となり、やがては波動になります。それらを超えたところにある暗闇に神の力がはたらき、ビッグバンが起きました。そこに創造の展開が始まったのです。神の意識があり、光が現れ、音が現れました。そこには自然の叡智であり創造の源、神の力がはたらいています。神の意識、大自然の力や叡智です。

人間は、自分たちの体の指1本さえ創ることはできません。よく考えてみれば、この精巧な人体を創造すること自体が奇跡です。そこには私たちの想像もつかない存在があり、その神秘の力で私たちは動いているのです。

この神秘のはたらきに気づき、実際にそれを体験して悟ったのが、ヒマラヤ聖者です。そこには無限のパワーがあり、無限の愛があり、無限の叡智があります。そしてその力をどうやって引き出すか、超能力を探求しました。これがヒマラヤ秘教の原点です。

宇宙からのサインとパワースポット

宇宙からのサインを受け取る意味

宇宙からのサインやメッセージを受け取るという人がいます。そういう能力を発揮できるような訓練をしていると、たしかにそういったことがしやすくなるのかもしれません。しかし、実際には自分の中の潜在意識がはたらいています。

人によっては、想像上のシーンが頭に浮かぶような場合も多いようです。それは違う人格の声が聞こえて内なる会話をしているのであり、潜在意識にある自分の考えなのです。こうしたことをいつもやっていると、その声が止まらなくなり、いろいろな人格が憑依《ひょうい》してコントロールされ、バランスを失い苦しむこともあります。

潜在意識にどんな心の記憶が潜んでいるか、それがわからないので危険ではあるのです。

また、眠っているときに、肉体を抜け出した魂がアストラル体になって宇宙の音の世界を旅すると、そのアストラル体と同じ波動のところに引き寄せられます。そのときに、その世界のものが見えることがあります。その体験はすべて心に記憶されるので、何かのきっかけでスイッチが入ると、それを宇宙からのサインととらえたり、ビジョンとして、見えることもあります。

アストラル体とは、肉体の中にある心の家のことです。それは細やかな波動のエネルギー体で、潜在意識や心の記憶のすべてがそこにあります。

「見えないものを感じたい」と、そうした能力を欲しがる人が多いのですが、それはテクニックとして身につけるものではなく、生まれながらにそうした体質であることが多いのです。集中したり、トランス状態になったりしたときに起きることがあります。未知なる世界の声が聞こえたりするのですが、それはすべて自分の心のイメージであり、想像なのです。

こうしたサイキックのマインドパワーは、ときにヒーリングやビジネスに役に立つことがありますが、見えない世界からの情報を得ることで現実にいることができなくなります。そして、浄まっていない潜在意識のカルマに翻弄されることにもなるのです。

未知のエネルギーと一つになれば消耗してしまう

作家や作曲家などクリエイティブな仕事をしている人の中には、潜在意識からのサポートをいただける人もいるようです。創作のときに「何かが降りてくる」と皆さんがよく言います。「自分ではない、何かの力によって書かされている」と言う人もいます。見えない力が筆をどんどん進めていって、終わった後にはすごく疲れることがあるとか。かなりのエネルギーを消耗しているのでしょう。

こういう状況は、一種の精神統一状態になっているのです。その人がチャネラー（高次元の意識体と交信できる人）のような存在になって、見えない力に憑《つ》かれるようにして、コントロールされてしまうのかもしれません。何かある一定のエネルギーと、その人のエネルギーが一体となっているのです。

本当にチャネラーとなった人は、違う人格になって戻ったときに、グッタリしてしまいます。いろいろな人格がその人に憑依して人格分裂を起こし、精神が大変なことになってしまうのです。ですから、安易にこうしたことに手を出さないほうがいいのです。そのマインドの力がその人の人格を蝕《むしば》むとともに、ほかの人の人格もコントロールするのです。

超能力者に早死にする人が少なくないのは、こうした本質ではない未知のエネルギーと一体になって消耗するからです。

特別な修行をして、こうした力を備える人もいます。ただし、それは神につながって、純粋な本当の自分になっていく修行とは違うのです。ヒマラヤの教え（サマディ）は神になる修行であり、すべてが満ちている愛と平和の最高の人格者になる修行なのです。

自分をパワースポットにする

神社や大自然の中へ、パワースポットを求めて出かける人が増えているようです。

そこへ行けば心が癒やされ、穢れが落ちて、清らかになれるのだとか。しかし、よく考えてみると、もともと**宇宙の源がパワースポット**なのです。それは究極のパワースポットです。

宇宙から放出された純粋なエネルギーが、地球ではたとえばダイヤモンドなどのストーンに凝縮されます。しかし、それはすでにエネルギーが違うものに変換されているか、死んでいるものです。自然界のエネルギーは、その純粋性を維持することが難しいのです。さらに、皆さんが追い求めるパワースポットは「あの場所にぜひ行かなくては」といった、一つの執着を生むことにもなります。

そうしたスピリチュアルジャーニーや、巡礼はそろそろやめて、**自分の体の中の小宇宙**へと向かう旅をしましょう。自分の体と心を浄め、神につながり、あなた自身をパワースポットにすることをおすすめします。

それには、否定的でストレスでいっぱいの、体を汚すような生き方を捨てます。自分を愛して、まわりの人を愛して、感謝する。そういう生き方を習慣にします。そうすれば宇宙のパワーが、あなたの内側に満ちてきます。

マスターという高いクオリティの「橋」を信じることで、安全に宇宙の源につながり、アヌグラハという最も高いパワーをいただけます。マスターとは祝福を行い、高次元のエネルギーを与えるパワースポットなのです。あなたはそれを受け取り、慈愛に変え、まわりの人にシェアしていきます。

マスターにつながることで神につながり、信頼とサレンダーで、やがては、あなた自身がパワースポットになれるのです。

高次元のエネルギーを受け取る方法

パワースポットというと、神社にある樹齢数百年の木とか、大きな岩などもイメージされます。たしかにこうした物には、ある種の非常に高まったエネルギーが宿っているのでしょう。

しかし、普通はそのエネルギーを自分の中へ取り込むことができません。普通の人には親和力というか、結合力というか、高次元の存在と結びつく力がありません。

ご神木などに触って、エネルギーをいただいたと喜んでいますが、それは心の思い込みで、変容が起きているわけではありません。本当に取り込むには、その仲介役となる人が必要なのです。あなたと見えない存在をつなぐ、究極のサマディで神と一体となったマスターという水先案内人が必要なのです。

インドでも聖地を巡礼して、「そこへ行けば幸せになれる」と信じている人が大勢います。古来そこで聖者が修行をしたり、聖者が、神像に力を込めて修法をした形跡があったりといったパワースポットの一つかもしれません。皆はそこにお参りし、反省して、パワーをいただいて「いい人間になります」と神さまに誓います。

こうした巡礼も苦行の一つです。「何かを犠牲にして厳しいことをしないと、願いがかなわない、欲しいものが得られない」というのは、エゴをとるインドのスピリチュアルな考えです。ですから苦行が盛んに行われています。巡礼など長い道のりで、修行をして体が鍛えられるメリットがあります。

しかし、シッダーマスターがいるなら、私は内側の修行をおすすめします。つまり、自分の内側のカルマを焼いて、平和になり、源への旅を行い、光に包まれるのが理想なのです。

ヒマラヤ聖者が修行をしたところはヒマラヤ秘境です。そこは聖なる場所、浄められた場所で、まさにパワースポットのような所です。聖者に出会えるのならと、そうした秘境に巡礼したり、その場所で修行をしたりすることは、インドの人々にとって憧れであり、崇高な行為になります。

生きたパワースポットがある

インドの人々は聖者が行進して歩き踏みしめた砂を集めて持ち帰り、お守りにします。私の身に着けた、レイの花びらを欲しがります。それを押し花にして、大事にお守りにします。

聖者の住むところ、聖者の持ち物すべてが尊いものになります。そこには波動があるからです。ヒマラヤ聖者が水を浄めると、聖なるパワーの水になります。お菓子もブレッシングすると、プラサードといって神の贈り物になります。水やお菓子にヒマラヤ聖者がパワーを入れるのです。こうしたことも、パワーが宿るという点ではパワースポットに似ています。

また、シッダーマスターは、多くの人の祈願をします。サマディからの波動とさらに特別なマントラの修行を行っているので、その祈りは特別です。この場合、マスター自体がパワースポットになるのです。サマディからの純粋なエネルギーが常に私の中にあります。それには神との親和力があり、私は「橋」となって皆さんと宇宙のエネルギーをストレートに結びつけることができます。

それをシェアすることで皆さんの魂を心のカルマから救い上げて、宇宙のパワーを引き出して幸せになっていただけると考えます。もっと世の中が浄まり、愛に満ち、お互いに助け合い、人を傷つけない社会になってほしいからです。

ヒマラヤ聖者はサマディをなし、神と一体になった存在です。インドでは生きたマスターをブッダとして尊び、動くパワースポットとして、家にお招きしたり、その方とともに座ることで瞑想が起きるという存在です。

私もそうした存在として、皆さんの信奉を集めています。インドのみでなく、西洋に行っても理解されています。世界中に赴き、祝福を与えてきました。

祝福を与える、生きている人、亡くなった人のすべてのエネルギーを浄める存在としてあります。なお、この本もパワースポットになります。本書に書いている言葉には教えのパワー、存在のパワーがあるのです。

そして、それを受け取ることは、夢や願いをかなえる力にもなります。

起きることすべてに意味がある

いま、必要なことが起きている

自分に起きたことを否定したり、人のせいにすることはありません。嘆いたり、悲観する必要もありません。それはすべてカルマの法則（↓25ページ）によって、あなたに、いま必要なことが起きているからです。

目の前で起きる現象すべてに原因があって結果があります。結果として起きたことは学びにしましょう。そして次はよりいいものを選択し、いい原因をつくればいいのです。そう心がけていると未来がいいものになり、前向きな人生にしていけると思います。

私たちは少し嫌なことがあると、「ついていない」「どうして自分ばかり」と思いがちです。しかし、物事がうまくいかないときも「まだご縁がないのかな」「いまはこれでいいや」と、あるがままを受け入れてみましょう。思いどおりにならないのは、あなたの遠慮や迷いなどがブロックしているのかもしれません。いずれにしても、それは自然の選択なのです。

大切なのは**目の前の現象を冷静に見て、その瞬間に手放していくこと**です。一喜一憂して、「幸せ」とか「不幸」とか思わないことです。カルマの法則を知らないと、悪いことが起きるたびに感情的になったり、否定的になったりして心に翻弄されてしまうのです。

あなたは失敗から離れて無心になり、中心にいて、誠実に精いっぱいの努力をするのです。よい心の行為は、必ずよい結果を招いていきます。

起きていることに無駄なものは何一つない

私たちが人生の中で体験するよいことも悪いことも、そのすべてに因果関係があり、意味があります。この先、魂が何度も生まれ変わるうえでも、無駄なことは一つもないように配慮されています。

そのときには理解できなくても「ああ、あのときそういえばこういうことがあって、あれはここにつながっているんだ」と、後になって気づくときがあります。

そのときどきで考えをめぐらせたり、わかろうとしても、疲れてしまうだけです。「まあいいか、後で自然にわかる」くらいの気持ちでいればいいのです。わかるときがくれば自然とわかるように、天の配慮がなされています。

瞑想を始めていくと、心の中に気づきが出てきます。心のはたらきやとらわれが見えてくるのです。毎日がその気づきの連続になります。「意識とは何か」とか「心とは何か」といったことに目を向けるようになり、怒りや嫉妬について静かに考えるようになります。それは外部から知識を与えられて学ぶのではなくて、自分で気づいてわかるのです。目の前で起きていることも、意味あるものとしてとらえることができます。

同じように、神からの啓示として、おのずと真理の気づきのときが訪れます。私たちは、そのときを人事を尽くして天命を待つ。心身を浄めてさらに待てばいいのです。

上質な波動がよい現象やいい人を引き寄せる

目の前の現象に一喜一憂してはいけない、と先ほど紹介しました。しかし、あまりにもトラブルが続いたり、不運にばかり見舞われる人は、**自分の波動をよくする**ことで改善される面があります。

波動というのは、生物や物質などが放出しているエネルギーの一種です。

私たち人間も、常にこの波動を外に向かって放っています。わかりやすい言葉でいうと、「空気感」とか「雰囲気」といったものでしょうか。

たとえば、職場などである人が怒っていると、何となくピリピリとした雰囲気が部屋の中に漂います。場の空気が重くなります。それは怒っている人の波動がまわりに伝わるからです。

波動は、カルマに染められた性質によって変わってきます。大胆な人、臆病な人、陽気な人、ネガティブな人、それぞれのカルマに応じた波動を放ちます。また、その時々の心の状態、感情や気分でも、放出される波動は変わります。これはオーラといわれるものです。「あの人からは幸せそうなオーラが出ている」などと言いますね。

波動の特徴として、同じ性質のもの同士が引き寄せ合います。よく初対面なのに「馬が合う」とか「波長が合う」というのは、「類は友をよぶ」からです。

ですから**いい波動をもっていれば、目の前にいい現象が起き、いい人にめぐり会ったり、願ってもない物を得たりするのです。**逆に悪い波動を出していると、それと同じレベルの現象が起きたり、低次元の人間関係などに悩まされることがあるのです。

この波動をクオリティの高いものに変えていくには、無欲になり、愛をもって行動し、まわりに感謝をすることです。そうすれば、平和で穏やかな波動に変わっていくでしょう。

「よい心を使っていく」ことを習慣にするだけで違ってきます。

そしてできれば、ヒマラヤの恩恵につながり、カルマを浄める瞑想をします。そうして変容すると、より質の高い波動をもてるようになります。波動の質がよくなれば、いい現象を引き寄せるだけではなく、安らぎや愛の波動をまわりに与えることができます。やがてその波動はあなたへと還り、願いや思いをかなえる助けにもなります。

魂に出会い本当の自分を見つける

心が自分ではない。魂こそがあなた自身

インド哲学では、創造の源の存在、神を「ブラフマン」、または「パラマアートマン」といいます。西洋の人の科学的な言い方ではスーパーコンシャスネス（超意識）であるブラフマンには「プルシャ」という純粋な存在があります。それと「プラクリティ」という純粋な物質のもとの存在があります。プラクリティは、量子よりもさらに小さな存在です。

ブラフマンから分かれた魂は、神の分身です。源の存在と同質のものです。ヒマラヤ秘教ではこれを個人の魂、「アートマン」とよびます。私たち一人ひとりの魂に、源の存在が宿っているのです。そしてこの魂こそが心と体を生かしている存在で、神のエネルギーなのです。

普段、私たちは心や体にばかりとらわれているので、自分の中に魂が存在することを意識していません。その存在は目に見えませんし、常に心に意識があって、自分が心であると思っているからです。しかし、私たちは生まれたところを無意識に求めているのです。

真の自己に出会っていくのが悟りへの道です。そして魂となり、さらに神となっていきます。神――ブラフマンが本当の自分なのです。「トゥルーセルフ」です。

心の曇りが魂との回路を切ってしまう

私たちの奥底には、私たちを生かしめている存在、魂があることを紹介しました。

それは本来、宇宙の創造の源と同じエネルギーをもっています。ですから私たちがそのパワーを100パーセント生かし切れば、智慧と才能にあふれた生き方ができ、充実した生命エネルギーで究極の健康な体を得ることができるはずです。

しかし現実には、心の曇りによって、**真の自己である魂につながる回路**が弱くなっています。

生まれたときは、誰もが純粋な心をもっていました。しかし、人生を歩むにつれて怒ったり、悲しんだり、嫉妬したりと、さまざまな感情に翻弄されているうちに、すっかり曇って不透明になった心が、魂を覆ってしまうのです。

たとえばこわいものに、恐怖の気持ちが湧きます。逆に好きなものなら欲望が湧いて、実際に行動して手に入れようとします。こうしたすべてが記憶のカルマから判断されているのです。また大きな体験も記憶されて、影響を与えます。そしてこれらの体験が心の中に蓄積され、心の曇りは濃くなっていくのです。

そうして魂の輝きを知らずに、「無知」のまま死んでいきます。

心の曇りを取り除いて、本来の自分になる

心の曇りを取り除く方法があります。

それには日々の行為を美しいものにする必要があります。それには善行をしてい

くことです。よりよい考えをしていくことです。

さらに理想をいえば、心身の内側に蓄積されたカルマを浄化していくことです。それには、ヒマラヤ秘教によって源の存在につながり、そこからの恩恵を受けて生きていきます。

自分の心の奥には魂があり、それは創造の源につながっていると信じます。そして信じる心で「どうぞお見守りください」と祈ります。こうして神を信仰することで、だんだんと心の曇りが消えていきます。

このような体験は、コツコツと修行をして何生もかかるものですが、ヒマラヤの教えでは、はじめてディクシャ（高次元のエネルギーを与える儀式）を受けた人でも、最速で浄まり、何生分もの体験をしていくことができます。また、修行して瞑想をしていく途上で、あなたの願いは何でもかなっていくようになります。

魂に何があるかを実感することが、究極の人生の目的

ヒマラヤ秘教では、最高の人に進化させる実践の秘密の教えを伝えています。

宇宙は何のために創られたのか、その中で人間は何をするべきなのか、自分を創ったのは誰なのか、その「源の存在」を体験的に知ることが、最高の人間になることであり、人生の目的です。

ヒマラヤの教えを実践する究極のサマディの修行は、まさに人を創造した存在のもとへ行く、つまり源へ還る旅です。そこに「本来の自分と神」というすべてを生かしている、不変の存在を発見します。

そしてそれは、神と自分が一つになる「神我一如《しんがいちにょ》」を実際に体験します。いままで大切に思っていた体も心も、それは自分に属するものであり、本当の自分ではなく後からついたものであり変化するものであることを知るのです。

ヒマラヤの聖者、シッダーマスターは、この究極のサマディを何度も体験したのです。

Ｐａｒｔ２でもお話ししましたが、人の体は５つの元素でできています。土のエネルギー、水のエネルギー、火のエネルギー、風のエネルギー、空のエネルギーです。それに加えて心のはたらきがあり、それらがその人のカルマにより３つのクオリティになっています。サットバ（純粋）、ラジャス（激質）、タマス（暗質）というエネルギーが混在しているのです。それらをヒマラヤ秘教の実践で浄めていき、サットバの割合を多くしていきます。深い瞑想で、心身が浄化されて静寂の世界に導かれます。そこでは体の機能が止まり、呼吸も自然に止まり、究極の意識状態になるのです。

そうして死を超えて本当の自分へ到達し、神と一体となって何日もそこにとどまるのです。その後、神の力を体や心に充電し、意識が目覚めて肉体へと戻ってきます。こうして肉体がはたらかなくても、それを超えた存在である神や魂が、自分の心身を生かしめていることを悟るのです。

魂は私たちの故郷です。懐かしく、還りたい場所のはずです。ところが私たちは、心の喜びばかりを追い求めています。

そして心が自分と思い、魂に意識を向けることを忘れてしまいました。そして本当の自分である魂と神の存在を見失ったのです。

ですから、魂と神につながり直し、よりよい生き方をしていただきたいのです。光と愛をいただき、安らぎながら真理に向かって生きていただきたいのです。

心と魂を切り離し、心から解放されよう

私たちが死ぬと、肉体から霊体が離れます。物質のもとに還ります。心に包まれたままの魂は、心と同じクオリティの世界へ行きます。心が汚れていれば、それと同質の汚れた世界へ魂も行くのです。それは地獄かもしれません。恨みや憎しみをもったまま重い心で死ねば、魂も重い世界へと沈んでいきます。

あなたは霊魂という言葉を聞いたことがあるでしょうか。魂自体は純粋な存在ですが、霊は生前の心の思いなどが絡みついた一種のエネルギー体です。恨みや未練を抱いて死ぬと、低いレベルの心情を持ち続け、それが霊魂となるのです。

ですから肉体があるうちに、ヒマラヤ聖者のシャクティパットを受けて、心と魂を切り離したほうがいいのです。そして魂を目覚めさせ、魂の錯覚を取り除くのです。それはヒマラヤの恩恵の下、マスターを橋として、神からの高次元のエネルギーで心身やカルマを浄める秘術です。

そうすると心のはたらきがなくなりますが、意識はあり、魂も生かされているの

で「心がなくても生きていける」ことに気づくはずです。**心は命を与える存在ではなく、命を消耗させるものなのです。**

心のはたらきを鎮め、心がはずれたその瞬間、フッと軽く幸せな気持ちになっています。それは心という鎖からの解放の実感なのです。

あなたの夢をかなえる小さな習慣

4

自分を愛し、まわりの人を愛し、感謝を。
内側に宇宙のパワーが満ちて、
あなた自身がパワースポットになる。

体験するものすべてに意味がある。
その意味は「わかるときがくればわかる」
という気持ちで深追いしない。

無欲で、愛をもって、感謝して生きると
穏やかな波動になる。
いい波動は「いい現象」や「いい人」を引き寄せてくれる。

「善行」で「神」につながれば、心の曇りが溶けて、
魂からのエネルギーが引き出せる。

Part 5

夢を最速でかなえる

人は使命をもって生まれてくる

天から与えられる使命は、あなたのキャラクターに合ったもの

私たちは使命をもって生まれてきます。人をもてなすのに向いている人は、サービスの仕事をします。何かをつくるのが得意な人は、コツコツと物づくりに励みます。コミュニケーション能力が高い人は、セールスなどの仕事につきます。

それぞれの環境に応じて、人に奉仕して、愛を捧げて、調和をはかっていきます。そこに生命力が輝くように、智慧が輝くように、愛が輝くようにして、まわりの人が幸せになるように努めていきます。それが私たちに与えられた使命です。

その使命が自分を成長させることになれば、それは素晴らしい人生といえるでし

ょう。さらに、使命を果たしながら心身を浄め、生命力を活かして「悟り」や「真理」を知ることができれば、本当に理想的な生き方だと思います。

自分の「使命」とか「務め」というものは、試行錯誤をしながら人生を歩んでいくうち、次第にわかってきます。「この仕事はすごく自分に合っている」とか「これをしていると心の底から喜びが湧き上がる」といった実感を伴うのが使命となるものです。

たとえ無意識でも、人のためにならないことをしていれば「これは何か違うかな?」とか「このままでは魂が穢れそう」などと直感がひらめき、軌道修正を思い立つものです。

さらに、瞑想を始めると「自分の使命が何か」よりクリアにわかってきます。それは瞑想で内側が整理整頓され、感覚が研ぎ澄まされることで、生きている尊さや生きる意味の大きさを強く実感するからです。

仕事一つとっても、それまでなんとなく惰性でやっていたところから「もっと気を入れて一生懸命にやろう」と思えてきます。社会的なステータスや収入の多寡などではなく「正しく、人のためになる仕事」なら、すべてに意味があることがわかります。

これは自分の使命に気づくとともに、真理への目が開かれるからです。こうして本当の生き方ができるようになっていくのです。

たとえば清掃をする仕事でも、愛をもって行い、皆を喜ばせることを考えていけば、工夫することがたくさんあると思います。好評なら事業を広げて、清掃の派遣業のような仕事に展開していくことも考えられます。使命感をもって進んでいけば、どんな仕事をしていてもクリエイティブになれ、人を喜ばせていくことはできるのです。

いい仕事をして魂を成長させる

仕事を通して自分の使命をまっとうする人もいます。

ただ生きるための糧を得る手段としてではなく、そこに生きがいを見出すことができれば、それは幸せなことです。

仕事は私たちのよりよい社会をつくるための行為です。たとえば、何か便利な物をつくって、社会を豊かにするのは素晴らしいことです。しかし、そこに智慧もプラスしていかないと、社会にとって害悪になったり、不必要な物を生み出して、結局世の中のゴミが増えてしまうようなこともあります。仕事をするにも、私たちは智慧を磨いていかなければいけません。

どのような職種であれ、**「皆の魂を喜ばせるような仕事」**になれば最高です。そして願わくば、皆の魂も浄まるような仕事がいいでしょう。

私の考える理想の仕事像は、はたらくことを通して、精神統一の練習をするとか、尊敬し合える関係をつくるなど、皆が助け合いながら、それぞれの精神性や意識が高まっていくことです。そうすれば仕事をしながら気づきが深められ、多くの魂が成長し、進化していけます。

悪いものはいまこそ捨てる勇気をもって

使命感に燃えて仕事をしても、それがすべて正しい行為になるとは限りません。

人間はこれまでいろいろな物をつくってきました。まるで神のような力をいただいて、便利な物をつくりながら繁栄し、それに伴って社会も発展してきました。それはそれで素晴らしいことですが、一方で自然を破壊して異常気象になったり、大気汚染が進んで人や自然を苦しめてもいます。人間のエゴが肥大してそれに苦しんでいる人もいます。こうしたことが本当に自然、神（源の存在）の望んでいる姿なのでしょうか。

これからはただお金が儲かればいい、便利だからいいではなくて、お互いが信頼して、尊敬をし、本当に理解していくことが必要だということです。そして進化していく社会をつくっていくことです。そのためには人を傷つけ、世の中の害となる物はすっぱりと捨てましょう。

「これがないと生きていられない」といった強い執着で、悪い物にも依存するのはよくない生き方です。しかし、わかっているけれどやめられない、というところがあるのです。

人間ですから誤った物もつくります。自己防衛の度が過ぎれば、破壊的な物もつくるかもしれません。一度つくってしまえば、なかったことにはできません。

ただし、あなたが慈愛につながれば、そうしたものを選択しない人になります。

自然と破壊的な物を使わなくなるでしょう。

あるいは、そうでないときは意識的に使わなかったり、思い切って捨てていくことです。それには智慧を出し合っていかなくてはなりません。歯止めになる人間が必要なのです。

根本から自分を変えていくと、やるべきことも見えてくる

本質につながると、いまを大切に生きられる

いつも心のどこかで「何かいいことがしたい」と思っている方は、意外に多いのではないでしょうか。

誰もが、自分なりに使命や務めを探していると思います。人のため、社会のため、自分にできることはないか。しかし、何をしていいかわからない。

私は、この本を読んでいただいた方や、日々出会う方に、何のために生まれてきたのか、何をしたらいいのか、進むべき道をガイドして、希望をもっていただきたいと考えています。

ただし、本を読むだけ、あるいは聞くだけで、すべての問題が解決するかのように誤解されることを懸念しています。瞑想や信仰といったものを実際にあなたが体験し、あなたの質を変えていただきたいのです。

神と信頼でつながり、アヌグラハ（シッダーマスターと神の恩寵）を受けていただきたいのです。そうして意識を進化させていかなければ、知識を詰め込んで、わかったつもりになっても自分は変われません。それは思い込みに過ぎないからです。

本当は本を読んで理解をして、その後には本質につながって素晴らしい人格になっていただきたいのです。

この本の中で私は何度も「神の存在を信じて、ヒマラヤの恩恵を受けませんか」という、あなたが本質の人になる生き方を提案してきました。そうすればあなたの根本が明るくなり、自然と自分の使命や、やるべきことも見えて、いまを大切に生きることができるのです。

私のところの会員さんの中に、親から「まわりの人に感謝をしなさい」と言われてきたのですが、聞く耳をもたない人がいました。ところが、悟りのマスターが同じことを言うと、素直に受け入れられるのです。

マスターの純粋意識からの言葉に、人の心を溶かす力があるからです。アヌグラハの恩寵です。エゴが溶けてサレンダーし、その言葉は深く浸透して心（マインド）がはずれ素直に聞き入れるのです。

あなたのエゴを溶かし、深い気づきを与え、心を楽にします。しかし、さらに深い真理につながり信頼する修行をしないと、瞑想での成長は中途半端になり、真理が少しわかるゆえに生きることが大変になります。自分の過去が見え始めると、自分のできていないことを責めたり相手を責めたりすることで苦しくなるのです。高次元のエネルギーをいただいて、信じることへの目を開いてください。

あなたの魂が本当に求めていること

信頼がなく疑いが多い心だと、心（マインド）ばかりが強くなって、どんどん自分の心と体を曇らせ、汚していきます。そうならないために、ヒマラヤ聖者は「もっと素直になりなさい」とアドバイスします。そこには「エゴを落としなさい」という意味も含まれています。

瞑想をして心（マインド）のはたらきを理解していけば、心の執着がはずれて純粋な自分になっていきます。そして魂の欲しているものもわかってきます。それはあなたの使命かもしれません。いずれにせよ、あなたの魂を喜ばせるものであることはたしかです。

なかには、素直になることを否定的に考える人がいます。「誰かにコントロールされる」とか「だまされてしまう」と思い込んでいるからです。これは自己主張したり、エゴを強めることがいいことだ、という現代の風潮を表しているのかもしれません。

しかし、それはただの恐れだと思います。自信がないのです。素直になるには、神にサレンダーするのです。本質である神につながり、中心となるものをもっていれば、弱くなるのではなく、神の智慧を得てパワーアップするのです。

この「素直」の意味は、「いい人と思われたい」とか「いじめられるのがこわい」といった「自己防衛の素直さ」ではありません。それは自分の損得勘定で、素直を演じているだけです。そうではなくて、心をはずして神におまかせするのです。

「何も恐れない素直さ」です。それは自分を根本から変える覚悟をもった、「深い素直さ」といってもいいでしょう。

ヒマラヤの恩恵によって本質の修行をすると、自分の魂が喜び、相手にも真理を伝えるような、「深い素直さ」が身につきます。それはみずからの魂を救い、他人にも思わずハッとさせるものを伝えてくれます。

信じる回路をつくる

本当の自分との絆を育む

体の痛みや不調を取り除くため、マッサージを受けている方もいると思います。肩こりや腰痛がおさまれば、気分がすっきりして、一時的には体の具合もよくなるかもしれません。

しかし、本当は痛みや不調の根源をさぐって、根本から治さなくてはいけません。ところが一時的にでもよくなれば、すっかり治った気になって「これでいいわ」と思いがちです。しかし、不調の原因が取り除かれていなければ、本当は何も変わっていません。ですから、いつかまた不具合が出てくるのです。

これは先ほど紹介した、私の本を読んで悩みが消えてしまえば、もう心（マインド）が「これでいい」と、わかったつもりになることと同じです。これは表面的にわかったという理解であり、自ら悟ったわけではないのです。

自分では変わった気になっても、実はまだ心に翻弄されていて、根っこの部分は変わってはいません。

あなたが日ごろしているメンテナンスは、体のみ、心のみのことで、一時的に帳尻を合わせているだけです。マッサージで一時的に、血のめぐりをよくするようにです。

そうではなくて、自分の内側に魂からの回路をつくったほうがいいと思います。それはすべてを創り出す、神に直につながる回路です。その絆を大切にすれば、神があなたを愛し、守ってくれます。

ヒマラヤの教えは、この世界を創った、実際の創造の源、神を信じて愛し、そこにつながることに導きます。神からの愛のエネルギーは、心をほどきます。心が神にサレンダーするのです。心はおまかせするのです。

ヒマラヤ秘教は、ヒンドゥ教や仏教、キリスト教の源流でもある、古くからの尊い教えです。本当に稀有な縁でヒマラヤ聖者に私が選ばれ、ヒマラヤの秘境で厳しい修行をして、究極のサマディという悟りを体験しました。そしてヒマラヤの智慧と愛を、日本へ持ち帰ることができました。

ですからあなたはわざわざヒマラヤで修行をしなくても、私からの導きで、社会の中で生活しながら平和と愛を目覚めさせ、真理を取り入れてもっと楽に生きていくことができるのです。

私はマスターとして、皆さんにヒマラヤの教えを紹介し、その恩恵を享受する術を伝えています。究極の意識状態（究極のサマディ）の神からの恩恵を伝えます。そのための心の使い方、体の使い方もお伝えしています。サマディマスターしかもちえない、アヌグラハという神の恩寵をシェアしています。神からの高次元のエネルギーの祝福です。そのエネルギーは深いところに浸透し、カルマを溶かして変容させるのです。あなたが実際の恵みを受けられるように手助けしています。

いらない心の回路はつくらない

人は「なくて七癖」といわれるように、いろいろな癖をもっています。それは心の癖も同じです。何でも否定的に考える癖、自分の考えを押しつける癖、いろいろです。それぞれの性格ともいえますが、あまり極端ではまわりが迷惑します。「あの人はああいう人だから」と放っておかれ、何も気にされないかもしれません。しかし、なかにはお互いがけん制し合って心が疲れる人もいます。それらは自分のこだわりです。エゴからの考えにこだわり、人をコントロールしてしまうこともあるのです。

自分の傾向に気づき、そうしたこだわりを愛に変えていきます。まず、こうした心の癖は3歳までの接し方や教育が大切です。子育てをこれからする可能性のある方は、愛をもって、温かく、大らかに育ててください。兄弟姉妹がいるときは、平等を心掛けます。そして、恐怖や悲しみの体験でマイナスの回路をつくらないようにしましょう。

また、間違った回路をつくらないのです。善悪の判断ができる前に「ある行為に快感」を覚えると、たとえそれが悪いことでも、子どもはそれを回路として植えつけてしまいます。たとえば、人をいじめるなど、弱いものに勝った快感がそれを繰り返させてしまいます。

子どもですから、感情を表に出すことも大切です。しかし、それがいつもというのでは、成長してから問題になります。ですからエゴを通す回路ができる前に何か物を捧げる、人を愛する、お手伝いをするという方向に向けるといいのです。そして思いやりをシェアする心を育て、学ばせるのがよいのです。

ちなみに先日、5歳、4歳、2歳、5か月の4人兄弟がそろってディクシャを受けました。すると、次の日に何も言われなくても、上の3人が皆で部屋のお掃除をしたというのです。本性のよい性格が現れ、自然に手伝いをしたというのです。湧き上がる欲望を素早く断ち切り、その意識がいい方向へ向くような回路がつくられたのです。そうした思いやりのあるよいことを何度も繰り返し、正しい方向へベクトルが向くように練習することが必要です。

逃げる癖の回路をつくらない

人は疲れたときや、嫌なことがあったときなど、逃げ込む場所をつくります。そこで感覚や心を守って充電するのです。それは甘いものを食べるとか、お酒を飲むとか、友人とおしゃべりをすることかもしれません。こういう回路をつくって心、つまり**エゴが満たされ、心がペシャンコにならないように自己防衛しています。**

たしかに、この回路は心や感覚の心地よさや、喜びに直結し、すぐに心を楽にし、解放してくれます。しかし、それも度を越すと逃避する癖がつき、余計な回路をつくってしまいます。

これを直すには、「すべての癖は自己防衛であり、何かから自分を守っているというメカニズム」に気づくことです。

そうした癖を取り除き、あなたを生まれ変わらせていくのがヒマラヤ秘教の浄化と気づきと信頼のプログラムです。その一つには、ヒマラヤ秘教の個人セッションがあります。個人の問題を解決して、欲望や心の癖を切り替えていきます。

たとえば、つらいから仕事を休もうとか、たくさん買い物をしてすっきりしようといった欲望を、それが本当に必要であれば実現するようにしていき、ただ心が無駄なことをしているのであれば別の方向へ切り替えます。そして、癖を切り離して、源・本質へとつなげるのです。これはテクニックではなく神の恩寵です。神の力によって、それが起きます。そうして心が解放され、むやみに逃避行為へと走らなくなります。

そうしないと心は常に心配したり、欲の心で必要なものをいろいろ集めたりします。そして感情のまま、心と体を満足させることだけを繰り返していきます。ココロ移り変わる不安定なものに、お金や時間を費やしてしまいます。心（マインド）のエゴのいうことを聞けば一時的に心はうれしいのですが、それは変わりやすく不安定なものです。それでは本質につながることはできません。

あなたには、ヒマラヤの教えで神（本質）につながっていただき、信頼して、本質との回路をたしかなものにしていただきたいのです。

正しい心の指針をもって生きていくのです。愛をもって生きていきます。心の葛藤は手放します。内なる声を聴きます。意識を覚醒させます。心のつぶやきに耳を傾けません。そして、心の悪循環から解き放たれます。本質につながり、それを信じます。

本来の自分につながれば、消耗しながら充電される

私たちが生きていくには、生命エネルギーをはじめ、さまざまなエネルギーを消耗します。たいていは一生懸命がんばって、消耗ばかりで疲れています。しかし、本質とつながることとは、消耗をしながら充電もされている状態なのです。

パソコンと電源コードの関係を例にお話しします。

パソコンは私たちの心身であり、電気を送ってくる存在は本質（源）になります。そしてこの二つを結ぶのが電源コードで、これが信頼（信仰）になります。信頼によって結ばれたつながりがないと、電気を消耗するばかりなので、そのうちにバッテリーの電池が切れてしまいます。しかし、コードでつながっていれば、消耗しながらも、常に源からのエネルギーがバッテリーへ充電されていきます。

また、パソコンを使っていると、不要なデータが増えていきますね。これは心や

体にたまっていく負の感情や、消耗の蓄積による疲れに例えることができます。こうしたものはゴミ箱に捨てないと、やがてパソコンが重くなって機能しなくなってしまいます。

そして、不要になったものをゴミ箱に捨てることは、善行で人を助けることや瞑想と同じ意味合いをもっています。捧げる生き方や瞑想をすると自分の内側が整理され、執着や余計な物事が消えて純粋になります。雑多なものがゴミ箱に捨てられ、クリアになるのです。

また、瞑想は不要な雑念や回路を、深いところから変容させ、永遠に消滅してくれます。趣味やスポーツなどでストレスを発散することも消耗です。**一時的に気分が軽くなるのは、一つのファイルを開いているだけで、ファイルを閉じれば元の同じ状態に戻ります。**そしてその度にたまる消耗の疲れは、確実にパソコン（心身）を重くするのです。

シェアをする、差し出す

人間は古くから「偉大なる存在にお祈りすることが大切だ」ということを体験的に知り、信仰をもってきました。地震が来て地面が割れて家が飲み込まれたり、洪水で一瞬にして家や人が流されたり、あるいは火事で家が燃え尽きてしまったり、強い風が吹いて家が吹き飛ばされたりしたこともあったでしょう。

人は、そうした自然の大きな威力になすすべもない無力さを感じ、一心不乱にその自然に潜む大きな力に祈ったのです。「どうぞこの偉大なる大自然の大いなる力よ、鎮まりたまえ、その力をお貸しください」と。常に自然の力を感じ、畏れ、感謝し、祈ったのです。

こうしたことで信仰が発達していきました。長い年月を生き延びていくうえで、そうやって心の安らぎを得ていったと思うのです。

しかし、いまはいろいろな価値観で幸せになる教えも民族の違いなどからいろいろとあり混乱しています。人を幸せにしようと、いろいろな宗教、哲学も生まれました。そこでも競争があり混乱しています。

しかし、誰もあなたの中にそうした偉大な存在があることを、教えてはくれません。それに、現代は昔に比べて豊かになり物質が氾濫しています。幸せを求め、物や知識に振り回されています。幸せになるために、すべての富を手に入れても命は買えず、なぜか内側から満たされないのです。本当には救われないのです。

好きなことをして、ワクワクしても、それは感覚の喜び、エゴの喜びに浸ることであり、本当の平和がないのです。深いところに不安があるのです。

これからは、エゴの言いなりではなく本当の生き方を取り入れていきます。

ヒマラヤ聖者は言います。

「あなたも自然の一部です。その中に偉大な存在があるのです」。

あなたはいったい誰なのかを知りながら、見えない存在を信じます。神につながって信頼し、よいエネルギーをいただくのです。そしてエゴではなく、本来の質を育む生き方をしていくのです。慈愛を出します。見えない偉大な神秘の力、その源の神を愛します。人は皆、神が送ってくれた存在です。相手を尊敬します。学びの対象です。感謝します。人を助けます。

その一方で、人間は戦い、いつの間にか憎しみ合うようになってしまいました。もともとすべてが与えられ満ちているのに、そこに目を配らないで、心の欲に耳を傾けてきたのです。

私たちは、人間から、地球から、動物などの生き物からもいろいろなものを奪っては集めてきました。自然を破壊して、心の欲求と感覚の喜びのみのためにいろいろなものをつくり消耗してきました。その上に築かれたのが、現代の私たちの繁栄です。

そして私たちは、見えない存在から力をいただき、生かされていることを忘れてしまいました。創造の源への感謝をなくして、多くの人が迷子になっています。いくら物に満たされていても、どこかが満ち足りていません。

ですからこれからは、見えない存在にしっかりつながり、お互いに分かち合う生き方、捧げる生き方をしていきましょう。そして、すべてのものに感謝すること、助けること。その助けは単に手伝うのではなく、その人の意識が高まる助け方です。それは悟りをめざしながら、人を助ける菩薩のような生き方、信仰を中心にする生き方です。菩薩とは慈愛をもって人を悟りに導かせながら、自分も悟りをめざす生き方をする人のことです。共存共栄をし、見失った神とのつながり、本当の自分を実感していく旅をします。

内側を整えて生きることが人生を輝かせる

体の奥から湧き上がる感謝は、強力な愛のパワーをもっている

いつでも「ありがたい」という感謝の気持ちを忘れずに生きられれば、きっと素敵な人生になるでしょう。感謝も心のレベルでは限定的ですが、瞑想をして魂からの感謝であれば、ハートからの感謝です。感謝は愛なのです。それは大きなパワーをもっています。

生かされていることに無償の愛から感謝して、まわりの人に無償の愛から感謝して、宇宙に、地球に、太陽に、すべてに無償の愛から感謝することを習慣にしましょう。さらに、ご先祖に、両親に無償の愛から感謝して、無償の愛から神（源）に、

マスターに、自分の魂に感謝しましょう。それは祈りを捧げることです。それをヒマラヤ聖者のシッダーマスターとつながって行うと、純粋な祈りとなり、あなた自身がその功徳をいただけるのです。

自分の体にも感謝します。体が動いていること、内臓が動いていることに感謝します。そうすると、その部分のはたらきがよくなるのです。源からのエネルギーがはたらくからです。**無償の愛の感謝は、すべての深いところに届き調和がとれてくるのです。**そうすると浄化が進んで、傷や病気も早く治っていくのです。

「感謝は愛です」と、先ほどお話ししました。いろいろな出会いがあり、その時々でいろいろな心がはたらきます。そのリアクションに気づき、感謝します。感謝という愛をまわりにシェアすれば、すべての関係を混乱から調和にしていけるのです。自分がいまその状態でなくても、すべては学びと気づきの機会です。自分を変えるチャンスです。相手を変えるのではなく、自分を変えるチャンスです。

そうすれば、深い、差別のない、宇宙的愛によって変化が起きます。社交辞令や形式的なものではありません。本当に魂から感謝するのです。それは相手の魂も喜び、生命力も活発になるのです。感謝は人を元気にさせ、いい人間関係をつくるのです。

20代、30代は「調和の世代」「愛の世代」

私は以前の著書の中で、50代、60代の方たちを「ゴールデンエイジ（黄金世代）」とよびました。いろいろな人生を歩んできて精神的に成熟し、思慮も深まり、人として円熟の時期に入ったジェネレーションです。

そこから見れば、20代は社会に出てはたらき始め、いろいろなことを学ぶ時期でもあります。そして30代は結婚や出産といった、大きなライフイベントが待っているかもしれません。人生の節目のときであると同時に、実利的な勉強をするときだと思います。

できればこうした早い時期から、暮らしの中にスピリチュアルな生き方をプラスしていくのです。心と体を磨きながら正しく使い、さらに生きる意味を知っていきながら、美しい人生を築いていっていただきたいのです。そして根源からの智慧とパワーと愛をいただき、ストレスを少なくして、楽に生きていきましょう。

高次元の存在につながってそれを信頼し、パワーをいただきながら生きていくと、すべてが学びになります。「失敗は成功のもと」なのです。うまくいかなくても、自分に何が不足していたのかに気づき、お詫びをします。さらに深いところの自分の本質を知っていきます。本質につながることで、自分のエゴからではなく、源の力がはたらくのです。智慧が湧き上がり、見えない力に守られ、動かされ、自然に事が運んでいくでしょう。

源は宇宙の智慧です。すべてを生かしめ、創り出す大いなる智慧です。すべてを源におまかせします。

あなたは自己にサレンダーし、エゴを落とします。宇宙のパワーが満ちて、智慧が満ちてきます。どんな場面でも何の不安も気負いもなく、自然な気持ちで臨んでいけます。そして、物事を達成させて人に喜ばれるでしょう。

与える、理解する、挑戦する

日々の生活で大切にしていただきたいものが3つあります。

それは「**調和**」と「**安らぎ**」と「**愛**」です。この3つの言葉は「人を許すこと」「人を愛すること」を教えてくれます。そしてそれを実践していくと「人に与えること」「相手を理解すること」「挑戦する心」を学ぶことになり、素晴らしい人格が形成されていくでしょう。

20代や30代で経験することは、すべて学びです。勉強をしたり、仕事をしたり、遊んだり、人づき合いもしかりです。いろいろな経験を積みながら、自分の内側を整え、磨いていくとよいのです。さらには、人のために奉仕していくとよいのです。それが自分を純粋にし、意識を進化させる精神的な成長になります。まわりの人にも喜んでもらえる生き方になるのです。

若いうちは失敗もあるでしょう。そのときは反省をして、「何が不足していたのか」を考えます。そして「自分を許さなかった」「人を許さなかった」「人を責めていた」「もっと愛を育みましょう」と気づくのです。いろいろと挑戦して、体験を増やし、宇宙的な愛を盛り込みながら行動していきます。そうすればあなたの前に無限の未来が開けていきます。

そしてそのうちに、あなたの本当の夢や願いが湧き上がってくるでしょう。何をしたいかが明確になってきます。それはあなたがこれから生きていくうえで、指針や生きがいになるものかもしれません。あるいは使命になるものかもしれません。どうか芽生えた希望を大切に育みながら、一歩一歩、人生を進んでいただきたいと思います。

「調和」「安らぎ」「愛」の3つの言葉を忘れず、それを行動で表すことを習慣にしていけば、思い描いた夢や願いもかなうようになります。

夢をかなえるための道

「いつも感謝の気持ちを忘れない」「神を信仰し本当の自分に出会っていく」。これだけで、すてきな人生になっていくでしょう。

さらに、「人に親切にする」「まわりに捧げていく」ことで、あなたは愛に満ちた美しい人になっていきます。

いろいろな自己啓発や、スピリチュアルな教え、さまざまな宗教が人々に幸せを説いています。それぞれの学びも、刺激になることでしょう。ただし、なかには心を強める、つまりエゴのこだわりとなる学びや知識だけを求めるようなものもあります。それは本質のものではありません。悟りという観点から見れば、それは違う道になってしまうのです。

本書で何度か紹介したように、ヒマラヤの恩恵の素晴らしさは、あなたの外側にそうした本質を求めるのではなく、あなたの内側にあるものに出会っていくのです。内側への真理の旅であり、本当の自分に出会う道なのです。

私は20代後半からさまざまなヒーリング、さらにはヨガの体操を学び、瞑想や心理学、いろいろなスピリチュアルな実践を学びました。そして約50年間修行をしてきました。さらにその間、30代の終わりにヒマラヤ聖者に出会い、ヒマラヤの奥地に行って深い瞑想を行い、究極のサマディ修行もしました。

究極のサマディに達した後は、多くの人に幸せになる道を示し、人々に各種のヒマラヤ秘法を伝授してきました。

いまは東京で、ヒマラヤ大学に当たる研修や合宿を催して、出会った方を浄め、生まれ変わるお手伝いをしています。

いま振り返れば、私が真理への道、瞑想に出会うには長い年月がかかりました。本格的なことは、ヒマラヤへ行ってからです。もし、最初から真理に出会って、信じることを生き方のベースにしていれば、もっと楽に生きられたような気もします。私は自分のそうした体験からも、皆さんに早いうちから真理との出会いをおすすめします。

瞑想修行や真理への道は、内側への旅です。その旅は、途中どんな暗闇が現れ、潜在意識が活性化するかわかりません。ですから生きたマスターにつながり、神を信じることを中心にやっていかなければ危険なのです。

信仰というものは、耳学問だけでは身につきません。それではあなた自身が変容しないからです。もし修行をするのであれば「新しく生まれ変わる」という強い覚悟で、神の存在を信じていただきたいと思います。

そして毎日の中では、天から与えられた使命もまっとうしながら、たくさんの方に愛を捧げる人になってください。

それが、あなたの夢をかなえるために用意された道です。

その先には輝かしい人生が待っていることをお祈りしています。

あなたの夢をかなえる
小さな習慣

5

ヒマラヤ瞑想をして執着がはずれると
「素直な自分」が顔を出し、
魂が「欲しているもの・喜ぶもの」が見えてくる。

心（マインド）ではなく、
魂との回路をつなげると、
心は満たされ、運命が開けていく。

「調和」「安らぎ」「愛」の
3つの言葉を実践していけば、
思い描いた夢や願いがかなうようになる。

おわりに

あなたの幸せを願って、この本を書き進めました。あなたの中に素晴らしい純粋な存在があります。それは神から分かれた魂です。魂につながり、さらにそれに出会っていきながら、社会に生まれてきた責任を果たしていきましょう。

よい行為をし、よい思いをもち、思いやりのある言葉をシェアしていきます。あなたは自分のカルマから自由になり、豊かな才能を花開き、あるいは愛をシェアして、皆とともに喜び合い、助け合って、さらにこの生を輝かせていきましょう。

あなたはどんどん夢をかなえ、まわりの人を幸せにするとともに、自分が幸せになっていくことができるのです。

ヒマラヤの恩恵は、あなたを神秘の人に目覚めさせ、クオリティの高い人に進化することを助けます。

もともとのあなたに戻ることなのです。

あなたはもっと自分を愛し、自信をもって生きていってください。いつもヒマラヤの恩恵があなたをサポートします。それは空気のようにあなたの命のはたらきを助け、いきいきと生きていくことを助けるのです。

どうぞヒマラヤの恩恵に出会って、願いをかなえ、夢をかなえていける人生を歩んでください。

この体と心を神さまからいただいた限りは、どうぞ目いっぱいその価値を高めてください。それほどの力があなたの中に潜んでいます。本当に自分自身を愛し、まわりを愛し、そして本質のあなたを愛し、信じることで、できることなのです。

不安から愛を選択し、疑いから信頼を選択します。暗闇から光への道です。あなたは永遠の不死の存在とつながり、日々変化するこの荒波を、楽しみながら学びとして常に刺激的に、喜びをもって、生きていくことができるのです。

素晴らしい人生に感謝しましょう。あなたの人生を祝福しましょう。

ヒマラヤの恩恵は、いつもあなたの味方です。あなたの幸せをお祈りしています。

2017年12月

ヨグマタ 相川圭子

ヨグマタ 相川圭子《あいかわけいこ》

女性で史上初めて「究極のサマディ（悟り）」に達したインド政府公認のシッダーマスター（サマディヨギ／ヒマラヤ大聖者）。現在、会うことのできる世界でたった2人のシッダーマスターのうちのひとり。仏教やキリスト教の源流である5000年の伝統をもつヒマラヤ秘教の正統な継承者。1986年、伝説の大聖者ハリババジに邂逅。標高5000メートルを超えるヒマラヤの秘境で、死を超える究極のサマディ修行を成就。神我一如に何日もとどまる「最終段階のサマディ」に到達、究極の真理を悟る。その後1991～2007年のあいだ、計18回、インド各地で世界平和と真理の証明のための公開サマディを行い、その偉業はインド中の尊敬を集めた。2007年、インド最大の霊性修行の協会「ジュナ・アカラ」より、最高指導者の称号「マハ・マンダレシュワリ（大僧正）」を授かる。日本をはじめ欧米などで法話と祝福を与え、宇宙的愛と叡智をシェア。サマディからの高次元のエネルギーと瞑想秘法を伝授、指導。日本では真の幸せと悟りのための各種研修と瞑想合宿を開催し、人々の意識の進化と能力開発をガイドする。2016年6月と10月、「国際ヨガデー」と関連して国連で開かれたイベントで主賓としてスピーチを行う。そして2017年5月には「アースデー」を祝う国際会議にメインスピーカーとして招かれ、再び国連へ。主な著書『ヒマラヤ大聖者の人生を変える瞑想』（宝島社）、『ヒマラヤ大聖者愛の般若心経』(さくら舎)、『心を手放す ヒマラヤ大聖者の人生を照らす言葉』（大和書房）、『ヒマラヤ聖者のいまを生きる知恵』(PHP 文庫)、『ヒマラヤ大聖者のマインドフルネス』（幻冬舎）、『八正道』（河出書房新社）、『The Road to Enlightenment: Finding the Way Through Yoga Teachings and Meditation』（講談社 USA）など多数。ほかにNHK・CDセレクション『ラジオ深夜便 ヨガと瞑想の極致を求めて』などがある。

［問い合わせ先］

ヨグマタ相川圭子主宰
サイエンス・オブ・エンライトメント

TEL：03-5773-9870（平日10時～20時）
FAX：03-3710-2016（24時間受付）
ヨグマタ相川圭子公式ホームページ
http://www.science.ne.jp

夢《ゆめ》をかなえる小《ちい》さな習慣《しゅうかん》

2017年12月31日　第1刷発行
2018年 2 月10日　第3刷発行

著　者　相川圭子《あいかわけいこ》
発行者　佐藤 靖
発行所　大和《だいわ》書房
東京都文京区関口1-33-4
〒112-0014
電話　03(3203)4511
本文印刷　厚徳社
カバー印刷　歩プロセス
製　本　ナショナル製本

ブックデザイン　庄子佳奈
イラスト　仲島綾乃
編集協力　児玉光彦
エディテクス
校　正　多田祐子

ISBN978-4-479-77210-1

http://www.daiwashobo.co.jp